SÉRIE SUCESSO PROFISSIONAL

Comunicação

JAMES S. O'ROURKE, IV

UM LIVRO DORLING KINDERSLEY
www.dk.com

© 2009 Dorling Kindersley Limited, Londres, uma companhia da Penguin. "Effective Communication" foi publicado originalmente na Grã-Bretanha em 2009 pela Dorling Kindersley Limited, 80 Strand, Londres, WC2R 0RL, Inglaterra.

© 2010 Publifolha – Divisão de Publicações da Empresa Folha da Manhã S.A.

Todos os direitos reservados. Nenhuma parte desta publicação pode ser reproduzida, arquivada ou transmitida de nenhuma forma ou por nenhum meio sem permissão expressa e por escrito da Publifolha – Divisão de Publicações da Empresa Folha da Manhã S.A.

Proibida a comercialização fora do território brasileiro.

PUBLIFOLHA
Divisão de Publicações do Grupo Folha
Al. Barão de Limeira, 401, 6º andar, CEP 01202-900, São Paulo, SP
Tel.: (11) 3224-2186/2187/2197
www.publifolha.com.br

COORDENAÇÃO DO PROJETO
PUBLIFOLHA
EDITORA-ASSISTENTE: Paula Marconi de Lima
COORDENADORA DE PRODUÇÃO GRÁFICA: Soraia Scarpa
PRODUTORA GRÁFICA: Mariana Metidieri

PRODUÇÃO EDITORIAL
EDITORA PÁGINA VIVA
TRADUÇÃO: Rosemarie Ziegelmaier
EDIÇÃO FINAL: Rosi Ribeiro
REVISÃO: Mariana Zanini e Laura Vecchioli
PRODUÇÃO GRÁFICA: Priscylla Cabral
ASSISTÊNCIA DE PRODUÇÃO GRÁFICA: Bianca Galante

DORLING KINDERSLEY
EDITOR: Daniel Mills
EDITORA DE ARTE SÊNIOR: Helen Spencer
EDITORA-EXECUTIVA: Adèle Hayward
GERENTE DE EDIÇÃO DE ARTE: Kat Mead
DIRETOR DE ARTE: Peter Luff
GERENTE EDITORIAL: Stephanie Jackson
EDITOR DE PRODUÇÃO: Ben Marcus
GERENTE DE PRODUÇÃO: Hema Gohil
EDITORES: Kati Dye, Maddy King, Sarah Tomley e Marek Walisiewicz
DIAGRAMADORES: Paul Reid e Lloyd Tilbury

Este livro foi impresso em setembro de 2010 na Corprint, sobre papel couché fosco 115 g/m².

Dados Internacionais de Catalogação na Publicação (CIP)
(Câmara Brasileira do Livro, SP, Brasil)

O' Rourke, James S.
  Comunicação / James S. O' Rourke ; [tradução Rosemarie Ziegelmaier]. – São Paulo : Publifolha, 2010.
  – (Série Sucesso Profissional)
  Título original : Effective Communication.
  ISBN 978-85-7914-234-5

  1. Administração de empresas 2. Comunicação na administração
  I. Título II. Série.

10-09442   CDD-658.45

  Índices para catálogo sistemático:
  1. Comunicação administrativa : Administração de empresas   658.45

A grafia deste livro segue as regras do Novo Acordo Ortográfico da Língua Portuguesa.

Sumário

4 Introdução

CAPÍTULO 1

O que é a comunicação

6 Como nos comunicamos

8 Barreiras comuns

10 Comunicação no trabalho

12 Abordagem adequada

14 Quem é o seu público?

16 Conteúdo correto

18 Qual é o canal?

CAPÍTULO 2

Linguagem falada e escrita

20 Discurso planejado

24 Apoio visual

26 Confiança adicional

28 Hora de falar

30 Como escrever bem

34 Correspondência comercial

36 Uso de e-mail

38 Relatórios profissionais

CAPÍTULO 3

Como se comunicar com a equipe

- **40** A importância de ouvir
- **42** Feedback importante
- **44** Significados da linguagem não verbal
- **46** Condução de reuniões e orientações
- **48** Comunicar e convencer
- **50** Gestão de conflitos

CAPÍTULO 4

Comunicação externa

- **52** Técnicas de negociação
- **54** Vendas
- **56** Diferenças entre culturas e países
- **60** Textos para a internet
- **62** Teleconferências
- **64** Situações de crise
- **66** Contato com a mídia
- **68** Construção de marca

- **70 Índice**
- **72 Agradecimentos**

Introdução

A capacidade de se comunicar é, sem dúvida, a habilidade mais valiosa que qualquer profissional pode ter. Trata-se do elo entre as ideias e a ação, do instrumento que aproxima os seres humanos e permite a formação de relacionamentos pessoais e profissionais. A capacidade de se comunicar é o que liga as pessoas dentro de um grupo, organização ou sociedade, e saber se expressar de forma eficiente é um elemento essencial para o êxito de qualquer empresa.

Este livro aborda os processos que fazem parte da comunicação empresarial, com destaque para os caminhos que podem levar qualquer profissional a aperfeiçoar suas habilidades como comunicador. Todas as formas de comunicação, seja escrita, audiovisual ou pela fala, são produtos finais de uma trajetória que começa com o pensamento crítico.

As páginas seguintes apresentam diversos temas, selecionados para ajudar a entender melhor o processo de comunicação – desde o planejamento de uma estratégia até os mecanismos para avaliar determinado público. Orientações importantes auxiliam quem precisa preparar um discurso eficiente ou expressar suas ideias por escrito, e não faltam dicas para lidar com os desafios específicos de comunicação com uma equipe, incluindo a forma de conduzir uma reunião, dar retorno sobre um assunto ou solucionar conflitos. Finalmente, há também instruções para se comunicar com clientes e consumidores, levando em conta a marca e a identidade de quem fala. A etapa seguinte cabe ao leitor.

Capítulo 1
O que é a comunicação

Comunicar-se é mais do que expressar ideias ou trocar pontos de vista. É o processo pelo qual nos relacionamos com os outros e buscamos informações essenciais para nossa vida diária, intervindo, assim, nas circunstâncias que nos cercam.

Como nos comunicamos

A comunicação pode ser definida como um processo no qual emissores e receptores emitem e interpretam mensagens transmitidas por diversos meios de comunicação e sujeitas a ruídos*. O objetivo desse processo é gerar um retorno com vistas a um resultado ou efeito específico.

Processo dinâmico

***Ruído** – qualquer elemento que interfira no processo de comunicação.

Os seres humanos não são os únicos que se comunicam, pois quase todas as formas de vida são capazes de enviar e receber mensagens. As pessoas, entretanto, são os únicos organismos vivos que conseguem se comunicar não apenas com sinais e signos como também através de símbolos com significado definido. Se pensarmos na comunicação como transferência de significado, em um processo bem-sucedido duas pessoas entendem a mesma coisa acerca de uma mesma mensagem, pois há um acordo sobre o que o emissor pretende dizer e o que o receptor compreende.

Princípios básicos

A comunicação envolve uma série de fundamentos, que em geral se aplicam a qualquer época e ambiente cultural. O processo de comunicação sempre é:
- **Dinâmico** Está em eterna transformação.
- **Constante** Mesmo quando você desliga o telefone, comunica algo – no caso, que não há mais nada a dizer.
- **Circular** A comunicação raramente é unilateral. Cada pessoa absorve informações do mundo, processa o significado e devolve a mensagem.
- **Impossível de ser repetido** Mesmo quando alguém repete algo usando os mesmos termos, o receptor já ouviu a mensagem e por isso terá uma resposta diferente.
- **Irreversível** Não é possível "desdizer" algo.
- **Complexo** Cada pessoa atribui significados distintos às palavras e a variação pode decorrer da circunstância, formação ou experiência. Por isso, sempre existe espaço para eventuais problemas de compreensão.

DICA

SEM RUÍDOS
O sucesso do processo de comunicação depende em grande medida da superação dos ruídos. Por isso, esforce-se para enviar mensagens claras, concisas e diretas.

NÍVEIS DE COMUNICAÇÃO

TIPO	CONTEXTO
Individual	Comunicação que se processa dentro das pessoas, como o envio de mensagens para várias partes do nosso corpo ou a reflexão silenciosa sobre um problema.
Interpessoal	Comunicação entre duas ou mais pessoas, enviando mensagens (verbais ou não) com o objetivo de transferir significados.
Empresarial	Comunicação no contexto de uma organização, com o envio e recepção de mensagens através de várias camadas hierárquicas e usando diferentes canais, em geral para discutir temas de interesse do grupo ou da empresa.
De massa	Envio de mensagens de uma pessoa ou fonte para muitos receptores ao mesmo tempo, por meio da televisão, internet ou mídia impressa.

Barreiras comuns

Por que as tentativas de comunicação muitas vezes falham? De um modo geral, dois tipos de obstáculos impedem a comunicação eficiente: as intervenções de nosso corpo e mente e a crença de que as outras pessoas compreendem as coisas e reagem ao mundo da mesma maneira que nós.

Percepções distintas

As informações que recebemos do mundo chegam por meio dos nossos sentidos. Mas esses "sensores" podem não funcionar bem ou a fonte da mensagem talvez forneça informações difíceis de serem decodificadas. Ao emitir mensagens, temos de lembrar que as pessoas não necessariamente veem, ouvem, sentem toques, sabores ou aromas da mesma forma que nós.

Compreensão garantida

A comunicação é mais do que o envio e a recepção de informações: se uma mensagem foi entregue mas não compreendida, a comunicação não ocorreu. Aspectos que variam desde a cultura em que vivemos até as normas dos grupos aos quais pertencemos podem influenciar nossa forma de captar mensagens e processar as experiências da vida cotidiana. Até mesmo questões individuais, como os preconceitos ou estereótipos, às vezes criam barreiras que afetam a compreensão e a reação aos estímulos exteriores.

Quem identifica os obstáculos que tendem a complicar a comunicação pode se esforçar para superá-los. Ao falar com outra pessoa, preste atenção às reações para se certificar de que está sendo bem compreendido.

DESATENÇÃO AO ASPECTO CULTURAL
Não esqueça que educação, origem e experiências diferentes geram expectativas distintas. Seu modo de ver o mundo não é o único.

Dificuldades para a boa comunicação

PRECONCEITOS
Nunca faça um julgamento sem saber de todos os fatos e lembre-se de que em geral trabalhamos com dados incompletos.

ESTEREÓTIPOS
É muito perigoso achar que todos os membros de um grupo partilham das mesmas características. Evite visões estereotipadas e trate cada pessoa como um indivíduo único.

DESCONTROLE DAS EMOÇÕES
Tente apresentar seus argumentos de forma racional e não emocional, e lembre-se de que outras pessoas podem ter sentimentos fortes sobre um assunto.

DESCUIDO COM A LINGUAGEM
Tenha em mente que a linguagem tem diferentes níveis de significado. As pessoas tendem a responder de formas distintas às mesmas palavras, sobretudo se forem vagas.

Comunicação no trabalho

Saber se comunicar é uma habilidade fundamental para o ser humano. Todas as pessoas conhecem o processo, pois se comunicam desde que nasceram. Mas por que é tão difícil se comunicar no ambiente profissional? Uma medida importante é compreender como o local de trabalho altera a natureza das mensagens – tanto para o emissor como para o receptor.

DICA

DE OLHO NO AMBIENTE

Observe como a comunicação varia na sua empresa e procure adequar o seu estilo. Existe diferença de estilos entre os superiores e as equipes iniciantes?

Sob medida

Existem vários fatores na rotina profissional que condicionam a forma de comunicação no trabalho. Todos temos estilo próprio, mas em uma empresa muitas vezes é preciso se adaptar para entrar em sintonia com as outras pessoas. Quem está atento ao receptor da mensagem (sobretudo os superiores e clientes) em geral consegue transmiti-la com eficiência. A forma de se comunicar também depende da posição ocupada na empresa: quanto maior a responsabilidade, maior a necessidade de usar a linguagem correta. Profissionais que atuam na elaboração de registros escritos, por exemplo, expõem sua forma de se comunicar a outras pessoas.

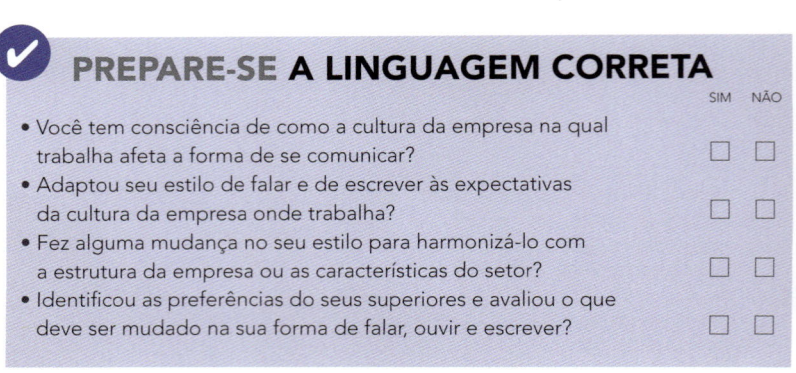

✓ PREPARE-SE A LINGUAGEM CORRETA

	SIM	NÃO
• Você tem consciência de como a cultura da empresa na qual trabalha afeta a forma de se comunicar?	☐	☐
• Adaptou seu estilo de falar e de escrever às expectativas da cultura da empresa onde trabalha?	☐	☐
• Fez alguma mudança no seu estilo para harmonizá-lo com a estrutura da empresa ou as características do setor?	☐	☐
• Identificou as preferências do seus superiores e avaliou o que deve ser mudado na sua forma de falar, ouvir e escrever?	☐	☐

Em harmonia com o ambiente

As empresas, assim como as pessoas que atuam nela, mudam o tempo todo. As organizações se modificam por causa das condições do mercado e das diretrizes das pessoas que as comandam. Sua forma de se comunicar deve se adaptar às situações nas quais você se encontra. Essa flexibilidade, porém, não justifica nenhuma postura antiética, como a participação em fraudes ou a divulgação de dados incorretos.

A cultura da empresa

Todas as formas de comunicação devem se adequar à cultura corporativa. A abordagem considerada correta pode variar bastante de uma empresa para outra: em algumas, por exemplo, exige-se a circulação de um memorando com a pauta antes das reuniões. Em outras, essa troca de informações se dá de forma oral, sem a necessidade de gerar um documento escrito.

Várias organizações se apoiam em um método específico a fim de fazer circular a informação. Para uma atuação sem problemas, é preciso adaptar-se à cultura existente.

Abordagem adequada

Conseguir que as pessoas ouçam o que você diz, leiam o que escreve ou olhem para o que você mostra não é fácil. Como convencer os outros a prestar atenção à sua mensagem? O segredo para assegurar o sucesso da sua comunicação está no planejamento detalhado.

Alternativas importantes

DICA

QUAL É O SEU PAPEL?
Pergunte-se se você é a pessoa certa para enviar a mensagem. Avalie se a sua assinatura irá levar as pessoas à ação ou se a mensagem teria mais eficiência caso viesse do seu superior ou de alguém mais próximo do público-alvo.

As escolhas feitas, do conteúdo da mensagem ao canal selecionado para enviá-la, têm um impacto direto sobre o resultado da comunicação. Seja qual for a situação, pergunte-se:

- **Mensagem** O que minha mensagem deve conter? Como devo transmitir a informação? Deve ser uma mensagem ampla ou convém dar detalhes?
- **Canal** Qual é a melhor forma para enviar esta mensagem? Quais as vantagens em termos de rapidez e custo? Oferecer mais oportunidades para retorno ou detalhar mais o assunto?
- **Código** Será que as palavras e imagens significam para o público o mesmo que para mim? Ou podem assumir significados diferentes para outro grupo?
- **Retorno** Como saber se a comunicação foi bem-sucedida? O público tem como se manifestar? Haverá algum tipo de "filtro" no caminho?
- **Ruídos** Quantas mensagens além da minha circulam neste momento? Eu terei de competir com um tráfego de informação muito intenso? Há riscos de que a mensagem seja distorcida ou impedida?
- **Resultados** Quais são as metas ou resultados de comunicação que estou estou esperando? Como aferir se eles foram atingidos? Como avaliar o que as pessoas acharam sobre minhas ideias e informações?

Qual é o seu alvo?

Ao planejar a comunicação,
não se esqueça de:

DEFINIR OS OBJETIVOS
Toda comunicação deve ser
coerente e apoiar os objetivos
estratégicos da empresa, como
os valores e as crenças.

CATIVAR O RECEPTOR
Recorra às necessidades básicas
(abrigo, alimento, segurança,
companheirismo ou aprovação
social) do público-alvo ou aos
sentidos (uso de movimento, cores
e sons). O que você pode fazer para
prender a atenção das pessoas?

SER CLARO
Use palavras que as pessoas
entendam e conceitos conhecidos.
Para isso é preciso saber quem é
o público e também o quanto ele
conhece sobre o assunto.

MOTIVAR AS PESSOAS
Incentive o público a reagir citando
personalidades admiradas e use
exemplos de fácil identificação
e compreensão.

COMPROMETER O PÚBLICO
Para consolidar a sua persuasão,
proponha um "compromisso"
com o grupo ou reforçe os
benefícios decorrentes da
observação do que foi
exposto.

CONTROLAR AS EXPECTATIVAS
Sempre informe o que pretende
passar e esforce-se para entregar
o que prometeu, nunca menos.
Se nutrirem expectativas muito
grandes, as pessoas ficarão
desapontadas.

Quem é o seu público?

Quem são essas pessoas com quem você vai se comunicar? O que você sabe sobre elas? O que elas sabem sobre você ou o assunto abordado? Ao se preparar para ser ouvido, faça algumas perguntas simples sobre quem é o seu público. Depois de conhecer mais sobre essas pessoas, será mais fácil encontrar formas de motivá-las a ouvir e prestar atenção.

DICA

SAIBA COM QUEM FALA
É muito fácil rotular uma plateia, sobretudo quando se trabalha contra o relógio. Certifique-se de ter reunido todas as informações disponíveis sobre o seu público e use referências que façam sentido para esse grupo.

Como definir um perfil

Quando avaliar uma plateia, procure os aspectos comuns ao grupo. Por exemplo, qual é a idade média das pessoas? Avalie se elas estão familiarizadas com os conceitos que você pretende apresentar e identifique algum tipo de experiência de vida que possa ser comum. Em seguida, pense no nível de escolaridade do público, um fator que exerce influência significativa sobre o conteúdo da palestra ou do texto, inclusive para a adequação dos temas centrais e do vocabulário adotado. As crenças pessoais do público-alvo também são um fator crucial a ser levado em conta ao planejar o que você vai dizer. São pessoas mais conservadoras? Têm uma postura política definida? Estão comprometidas com um determinado ponto de vista religioso ou social?

Aspectos culturais

Avalie a região de origem plateia, mas não exagere no valor desse dado. Essa informação pode ser útil para identificar as principais preocupações dos integrantes de um grupo específico, mas é sempre importante estar atento para não estereotipar as opiniões. A sensibilidade para as questões regionais e os estilos de linguagem deve ser um elemento constante na hora de preparar um discurso.

O que observar

Para alguns tipos de comunicação, faz diferença saber sobre a situação econômica e o estilo de vida do público. Se for esse o caso, tente se informar ao máximo sobre:
- **Ocupação** O modo de ganhar a vida revela sobre a formação educacional e as rotinas diárias, assim como motivações e interesses das pessoas.
- **Renda** Saber qual é a renda média de um público pode dar ideias sobre suas principais preocupações. Em grupos de renda mais baixa é maior a identificação com as necessidades básicas, como alimentação e moradia. O psicólogo norte-americano Abraham Maslow elaborou uma hierarquia das demandas, mostrando que as exigências mais elaboradas, como autorrealização, só ganham importância depois que as necessidades mais básicas já foram atendidas.
- **Posição socioeconômica** Descreve a localização do público no espectro social e econômico. Em geral está associado a outros fatores, como renda, escolaridade, ocupação, local onde mora, amigos e familiares. Pense nisso para identificar se esse grupo se difere dos outros e como isso ocorre, e use essa informação para abordar os problemas, expectativas e necessidades relevantes dessas pessoas.

PARA PENSAR... GÊNEROS DIFERENTES

Homens e mulheres diferem bastante quanto a pontos de vista e expectativas sociais e psicológicas.

Porém, pesquisas recentes revelam que o gênero predominante em uma plateia não faz muita diferença, pelo menos para conhecer o público. Em diversos estudos, não foram apontadas diferenças estatisticamente significantes nas respostas dadas por homens e mulheres profissionais diante de uma ampla gama de estímulos. É claro que para uma plateia composta apenas por um ou outro sexo convém adaptar a abordagem, mas não tem sentido achar que existe um modo específico de falar com cada gênero.

Conteúdo correto

Depois de reunir as informações que revelam o perfil do seu público-alvo, é hora de avaliar a forma de abordagem mais indicada. Dedique-se a elaborar uma estratégia para escolher a mensagem certa e encontrar um método eficaz de se comunicar com sua plateia.

Nível de conhecimento

É muito útil saber o que a plateia já conhece sobre o tema que você vai apresentar. Com essa informação, você pode definir um ponto de partida. Repetir o que as pessoas já sabem reduz a importância do que é dito, mas também não convém elevar demais o discurso, pois você pode não ser compreendido. Comece em um ponto confortável para o grupo e siga em frente.

COMO ENVIAR UMA MENSAGEM

PISTA CERTA	CONTRAMÃO
Saber o máximo possível sobre quem vai ler ou ouvir sua mensagem	Supor que o público conhece tudo ou não sabe nada sobre o assunto
Adaptar a mensagem às necessidades e aos interesses do grupo	Agir como se o público partilhasse de suas ideias e interesses
Identificar quem toma as decisões e seus principais critérios de ação	Não se importar em conhecer o público nem identificar o que pode estimulá-lo a agir
Saber quem o grupo respeita e procurar a aprovação dessa pessoa para o que será exposto	Achar que suas ideias são boas o suficiente para se sustentarem por conta própria

O papel das emoções

Ainda mais importante do que aferir o grau de conhecimento do público sobre um assunto é saber que tipo de emoções ele desperta. O que as pessoas sabem sobre tributação, por exemplo, é muito menos relevante do que aquilo que elas sentem quando ouvem uma palestra sobre reforma tributária. Você precisa adequar as palavras com cuidado para que a resposta emocional do público seja positiva. Em geral, quanto maior o grau de envolvimento com determinado tema, menor será a margem para diferentes interpretações. Em outras palavras, as pessoas se mostram muito mais abertas sobre temas aos quais são indiferentes do que sobre questões que, por alguma razão, causam emoções. Quem subestima o valor da resposta emocional tende a fracassar ao se comunicar com uma plateia.

Tipos de público

Sua mensagem pode se dirigir a pessoas que estão diante de você ou ter outros destinatários – no caso, pessoas que receberão o conteúdo da plateia a quem você se dirige. Pense em todos os destinatários:
- **Plateia direta** São as pessoas que recebem a mensagem escrita ou falada em primeira mão. Certifique-se de compreender e considerar as necessidades, os interesses e as preocupações do grupo.
- **Plateia indireta** Outras pessoas podem ler ou ouvir a mensagem de forma indireta. O que será dito pode chegar a um jornalista ou concorrente, por exemplo?
- **Intermediários** São as pessoas que recebem a sua mensagem para depois passá-la adiante, em geral com o poder de filtrá-la ou bloqueá-la.
- **Formadores de opinião** São indivíduos com influência significativa sobre o grande público.
- **Tomadores de decisão** Quem tem o poder de influenciar os resultados do que foi comunicado.

COMO... MOTIVAR QUEM ESCUTA

> Comece pelos pontos comuns antes de abordar os aspectos mais polêmicos.

> Demonstre que o que tem a dizer é útil para o grupo.

> Acentue os benefícios do que foi exposto e os riscos da não observação.

Qual é o canal?

A maioria dos profissionais decide se comunica um assunto por escrito ou de forma verbal com base em dois critérios: conveniência e preferências pessoais. No entanto, a escolha do canal de comunicação mais eficiente depende de vários outros fatores.

A solução para cada caso

DICA

SEM PILOTO AUTOMÁTICO
Muitas pessoas escolhem imediatamente sua forma de comunicação preferida. Aprenda a parar, avaliar as opções e tomar a decisão mais adequada a cada caso.

Muitos profissionais escolhem uma forma de comunicação por instinto, o que nem sempre resulta na decisão mais adequada. Se você precisa passar uma má notícia para um colega, por exemplo, e não deseja criar conflito, pode optar por mandar um e-mail – embora a pessoa talvez prefira ouvir de você diretamente. Em outra situação, um telefonema pode parecer mais rápido e fácil do que o envio de uma carta, e você talvez prefira esse canal mesmo se tratando de uma mensagem complexa e que exige explicação extensa ou descrição detalhada. Na verdade, apenas dois fatores devem nortear a escolha do canal: primeiro, avalie as preferências da pessoa ou do público destinatário, e em seguida as vantagens de uma forma em relação à outra.

PARA PENSAR... REGRA BÁSICA

A recomendação de tratar os outros como gostaria de ser tratado é muito antiga. É uma boa regra, mas contém uma pequena falha: e se os outros não quiserem receber o mesmo tratamento que você? E se as suas preferências forem muito diferentes? A Regra de Platina, elaborada pelo estudioso da comunicação Tony Alessandra, é uma adaptação da velha máxima: "Trate os outros como eles querem ser tratados". Isso significa dar o que as pessoas esperam e não o que você imagina que elas querem. Aborde os outros da maneira como eles preferem e poderá contar com seu tempo, atenção e cooperação.

Quando é melhor escrever

Uma mensagem escrita gera um registro permanente, permite a transmissão de mais detalhes e é muito mais objetiva, pois faculta a escolha das palavras corretas. Se você tem de transmitir algo de maneira específica ou exata, pode optar pela mensagem escrita. Caso o destinatário prefira ou precise de algum material de apoio ou de detalhes específicos, como quadros ou tabelas, você pode transformar essas informações em um anexo.

Pode acontecer de você precisar partilhar sua mensagem com várias pessoas ao mesmo tempo e não seja possível falar com cada uma delas. Uma mensagem escrita de forma clara e convincente pode ser a melhor forma de se comunicar com seu público.

Quando é melhor falar

A transmissão da mensagem de forma oral fornece um contexto mais rico, pois inclui o uso de sinais não verbais e permite mais emoção. A forma de comunicação é menos rígida, pois não gera um registro permanente. Em geral, também requer menos tempo.

Falar com as pessoas também convida a participar. Pode ser uma boa maneira de obter ideias perceber como as pessoas se sentem e até identificar eventuais objeções à sua mensagem. Quando a referência é algo escrito, as pessoas tendem a se sentir mais comprometidas, mesmo quando não se trata de nada definitivo. Já uma conversa ou debate passa a impressão de algo mais fluido e flexível do que uma mensagem escrita.

Capítulo 2

Linguagem falada e escrita

Duas habilidades essenciais para um executivo são a capacidade de falar bem em público e de se comunicar por escrito de forma eficiente, seja em documentos oficiais, e-mails ou relatórios. Os dois casos requerem preparação e prática.

Discurso planejado

Preparar uma apresentação é a fase mais importante de todo o processo. Ainda que pareça difícil no começo, o planejamento do discurso fica mais fácil quando se desmembra a tarefa em etapas, a fim de solucionar cada questão relevante no momento adequado.

Conteúdo e consistência

Quando se trata de discurso, o conteúdo é tudo. A consistência é essencial e nada se compara ao domínio do assunto a ser apresentado. Por isso, sempre que possível aborde tópicos que realmente conheça, a fim de falar sobre eles com confiança. Mas o público também é importante: nunca se esqueça de que ele é a razão de você estar ali. Usar o conhecimento do público para adequar o seu discurso e procurar atender às expectativas não é garantia de sucesso, mas constitui um passo na direção certa.

É preciso falar?

Antes de começar a planejar os detalhes do seu discurso, certifique-se de que sabe porque você está falando. Se não conseguir apontar um motivo que justifique a exposição, não fale. Identificar seu papel como a pessoa que irá transmitir a mensagem e o que isso significa para os ouvintes é muito importante. Pode ser que o público específico queira ouvir sua opinião sobre o assunto e esteja muito interessado na sua fala, mas também pode ser que o objetivo se resuma a informar sobre um tema. Neste caso, o interesse por suas opiniões tende a ser menor.

Informe-se ao máximo sobre o contexto da apresentação. Você precisa saber as respostas para perguntas como: seu público ainda está na fase de exploração do assunto ou prestes a tomar decisões? O que os motiva a ouvir a sua fala? O assunto tem urgência? A visão deles sobre o tema recebeu impacto de algum fato recente? As pessoas estão envolvidas em um processo que irá exigir a entrada em ação a partir do que ouvirem?

DICA

DEDIQUE TEMPO À PESQUISA

Mesmo dispondo de pouco tempo para preparar seu discurso, lembre-se da regra 80-20: dedique sempre em torno de 80% do seu tempo à pesquisa e à preparação e cerca de 20% à prática.

ESTUDO DE CASO

Novas mídias

O uso eficaz da linguagem falada e escrita cresce em importância à medida que as novas mídias avançam como instrumentos de comunicação empresarial. A construtora e incorporadora Tecnisa, por exemplo, foi pioneira no setor imobiliário ao lançar um blog corporativo para ampliar a interação com seu público de interesse. Caso ainda raro no setor de atuação, a construtora tem 35% das vendas realizadas pela internet, resultado que pode ser creditado em boa parte à iniciativa de criar uma gerência de mídias sociais – encarregada de monitorar as redes e identificar eventuais problemas e reclamações da clientela, propondo respostas rápidas. Já empresas como a Vale têm recorrido a redes sociais internas para promover o intercâmbio de experiências entre funcionários e também como ferramenta útil para o recrutamento de novos talentos. As especificidades de cada mídia, e de cada público-alvo, determinam o tipo de linguagem a ser usado para que a comunicação atinja seu objetivo.

Como preparar um discurso

Depois de definir com clareza os motivos para a apresentação, o perfil do público e o que eles esperam ouvir, comece a estruturar o seu discurso. Esta fase de planejamento é vital, por isso não convém ficar para a última hora. Na hora de falar, é crucial estar familiarizado com a estrutura e o conteúdo do discurso. Existem oito etapas para preparar uma apresentação de sucesso:

1 DEFINA SUA TEORIA
Escreva em uma frase o que você quer que o público saiba, entenda ou faça. Tente chegar a uma forma breve, simples, abrangente e o mais completa possível.

2 DESENVOLVA OS PONTOS ESSENCIAIS
Limite-se a apenas duas ou três questões principais, para que seja possível explicá-las em detalhes. Certifique-se de que todos os elementos são coerentes com a teoria básica e com o motivo da apresentação.

5 PREPARE UM RASCUNHO
Escreva um esboço da sua fala no espaço de uma página. Pense sobre as questões que pretende apresentar, na melhor sequência para abordar cada uma e nos argumentos que podem ser usados para sustentar sua teoria.

6 USE RECURSOS VISUAIS
Pense nos recursos visuais que podem reforçar o seu discurso, ajudando a explicar, esclarecer e comprovar os pontos principais. Às vezes, é mais eficiente mostrar uma imagem do que usar palavras.

Etapas para planejar uma apresentação

3 REÚNA MATERIAL DE APOIO
Organize dados ou fatos que sustentem sua teoria básica. Use o conhecimento do público para selecionar os tipos de provas mais convincentes e apresente os dados de forma objetiva, atual e transparente.

4 PENSE NA ESTRUTURA
Avalie a ordem mais indicada para apresentar a informação. Pense no que você vai dizer para abrir o assunto, no corpo do discurso e na conclusão.

7 ESCREVA O DISCURSO
Agora, prepare o conteúdo do seu discurso em detalhes. Algumas pessoas optam por anotar tópicos objetivos, outras preferem um roteiro mais completo. Escolha a opção que melhor lhe convier, mas lembre-se de que o público quer ouvir você falar e não fazer uma leitura.

8 ORGANIZE AS ANOTAÇÕES
Finalmente, transfira o discurso para um material que será levado com você. Pode ser uma apresentação em PowerPoint, tópicos anotados em uma página de papel ou a fala completa.

Apoio visual

Estudiosos do comportamento humano defendem que recursos visuais podem exercer um efeito poderoso no processo de aprendizado. Em alguns casos, as imagens atingem pessoas com dificuldades para captar mensagens faladas ou para compreender o significado das palavras.

DICA

ESCOLHA O RECURSO
Tabelas e gráficos são uma maneira útil de apresentar dados. Esteja certo de que escolheu um tipo adequado para as comparações que pretende fazer e seja cuidadoso ao usar cores para destacar aspectos relevantes.

Recursos visuais ajudam?

Muitos acreditam que o apoio visual auxilia na comunicação por três razões principais:
- Ajudam a apresentar, reforçar e esclarecer o que está sendo exposto. Às vezes, não é possível explicar com palavras um conceito ou fenômeno, mas pode-se demonstrá-lo ao público.
- Algumas pessoas prestam mais atenção ao que veem do que ao que escutam, e conseguem se lembrar melhor das informações visuais do que das palavras.
- As pessoas tendem a reconhecer mais facilmente as ideias apresentadas com a combinação de palavras e imagens – mais do que apenas com palavras ou só com imagens.

Elementos importantes

A exposição visual da informação reforça a maioria das apresentações, mas funciona melhor quando:
- Traz dados novos a seu público;
- A informação a ser transmitida é complexa ou tem natureza técnica;
- A mensagem chega ao público em um contexto novo;
- Inclui informações com números, estatísticas, frases de destaque, citações e listas;
- É preciso explicar as relações ou comparações;
- Envolve padrões geográficos ou espaciais.

Uso eficiente

Bons recursos visuais têm várias características em comum, mas a mais importante é a simplicidade. Quanto maior a complexidade de um material visual, maior a dificuldade para interpretá-lo. Para explicar uma ideia ou relação importante, mantenha a clareza, a lógica e a simplicidade.

Um material eficiente utiliza as cores de forma adequada para atrair e explicar, nunca para confundir. Poucas pessoas partilham do mesmo gosto quanto às tonalidades, mas quase todos prestam mais atenção quando elas são usadas de forma significativa e consistente. Certas convenções, como apresentar números vermelhos para indicar prejuízo, permitem a rápida compreensão da informação. Se for preciso, acrescente uma legenda sucinta para explicar o significado das cores nos gráficos.

USO DE RECURSOS VISUAIS

PISTA CERTA	CONTRAMÃO
Pensar nas necessidades e interesses do público na hora de planejar os recursos visuais	Incluir grandes quantidades de texto, forçando o público a ler trechos extensos
Escolher recursos que captam a essência dos pontos principais	Usar imagens que não se relacionam com os pontos principais
Usar cores de maneira consistente e com cuidado para não confundir a plateia	Não explicar eventuais codificações de gráficos e tabelas, como o uso de cores ou símbolos
Certificar-se de que o material apresenta informações de forma simples, direta e organizada	Não se preocupar com a aparência geral, na certeza de que o público irá entender de qualquer forma

Confiança adicional

Conhecer a fundo um assunto é bem diferente de sentir-se preparado para subir em um palco e falar com segurança a um grupo de pessoas estranhas. Tão importante quanto a compreensão do que será dito e a boa organização do discurso é a autoconfiança.

Preparação essencial

DICA

TOME NOTAS SIMPLES
Perder-se em meio às próprias anotações pode abalar a confiança de quem fala em público. Por isso, certifique-se de que os dados selecionados como material de apoio sejam rápidos e de fácil identificação.

Ensaiar a apresentação ajuda a melhorar o discurso e a elevar a autoconfiança. Para algumas pessoas, basta repetir o conteúdo da fala mais de uma vez para adquirir familiaridade e confiança. A técnica também ajuda a estimar o tempo necessário e permite avaliar se você tem muito, muito pouco ou apenas o suficiente para dizer. Os ensaios também preparam para as transições – ao praticar o discurso, você conseguirá identificar os pontos problemáticos e buscar formas sutis de passar de um tópico a outro.

Anotações e lembretes

Os melhores oradores dão a impressão de fazer qualquer discurso sem preparo e sem o auxílio de material algum. Porém, essas falas não se baseiam na memorização das palavras e frases, mas no conhecimento do assunto, no preparo adequado e na postura profissional. Muitos oradores usam recursos visuais, como transparências, slides ou telas de PowerPoint, apenas para ativar a memória. Outros preferem contar com o apoio de alguma anotação ou até mesmo de um rascunho do discurso. Seja qual for a sua escolha, certifique-se que as anotações sejam simples, de fácil identificação e permitam manter contato visual com o público.

Como se sentir seguro

O segredo para sentir-se confiante está em uma boa preparação. Esteja certo de que avaliou tudo o que envolve a apresentação, da disposição da sala ao tipo de tipo de microfone que você irá usar, pois saber que tudo está organizado e bem planejado reforça a autoconfiança. Se você se sentir inseguro, lembre-se de que foi convidado a falar porque as pessoas estão interessadas em conhecer suas opiniões. Encare a apresentação como qualquer outra tarefa profissional e confie na sua habilidade, inteligência e capacidade para cumprir a missão.

"As pessoas querem ouvir o que tenho a dizer."

"Eu sou o especialista e conheço o assunto como ninguém."

"Preparei meu discurso e sei que ele flui sem obstáculos."

✓ PREPARE-SE LIÇÃO DE CASA

	SIM	NÃO
• Confirmou a hora e o local da apresentação?	☐	☐
• Tem certeza sobre o tempo reservado para a sua fala?	☐	☐
• Já decidiu como organizar o espaço?	☐	☐
• Perguntou se você terá de se manter em uma mesa ou se está livre para andar pelo ambiente?	☐	☐
• Testou o microfone e o sistema de som?	☐	☐
• Está familiarizado com os aparelhos de recursos visuais?	☐	☐
• Sabe como é a iluminação e se será preciso alterá-la para apresentar materiais ou fazer projeções?	☐	☐
• Se precisar usar computador, preparou um backup dos arquivos a serem usados, como medida de segurança?	☐	☐

Hora de falar

Você pesquisou a fundo o assunto, estruturou seu pensamento e ensaiou sua fala. Use a confiança que desenvolveu no planejamento e na preparação para dar o próximo passo: levantar-se e falar. Você irá atuar como portador da mensagem e sua postura é fundamental para o sucesso da comunicação das suas ideias.

Diante da plateia

Conforme chega a hora de se posicionar diante da plateia e apresentar suas ideias, lembre-se de que ninguém nasce apto a falar em público. O domínio da linguagem é adquirido com o aprendizado, e a capacidade de expor opiniões com convicção e sinceridade pode ser desenvolvida. Em geral, os oradores ganham segurança a cada discurso realizado. Quem domina a arte de falar em público tem mais chances de se destacar na trajetória profissional e de ter seu esforço reconhecido.

ESTUDO DE CASO

Atenção imediata

Como o presidente da Apple, Steve Jobs, concentra tanta atenção quando fala nos eventos do setor e lançamentos de produtos? Grande parte da sua capacidade de hipnotizar a multidão vem de sua preparação metódica e da identificação com o assunto. "Jobs se prepara com dedicação e domina o terreno, por isso consegue cativar a plateia", diz Bill Cole, diretor-executivo da Procoach Systems, de San José, na Califórnia, Estados Unidos. "Ele entra na sintonia do público e decide o que fazer ou dizer a seguir. Conhece o material e a mecânica tão bem que consegue seguir o fluxo." Em 2005, Jobs fez um discurso na Universidade de Stanford. Centrou a fala em sua própria história – a entrega para adoção logo após o nascimento, o abandono da faculdade, a fundação da Apple e o afastamento de sua própria empresa. "Seus relatos pessoais são tocantes", diz Ginny Pulos, consultora de comunicação de Nova York. "Dá para notar a emoção em seu rosto e ouvi-la em cada palavra." Para Pulos, a lição para os executivos é "aprender a contar histórias sobre as paixões de sua vida".

canismos
a manter
nteresse
plateia

ESTABELEÇA UMA CONEXÃO
- Posicione-se na mesa ou palco, respire fundo, sorria, pense de forma positiva e comece a falar
- Humanize e personalize seu discurso – partilhe experiências, valores, objetivos e inseguranças
- Esforce-se para parecer mais um do grupo (a menos que seja claro que este não é o seu caso)
- Use o humor quando for adequado
- Esforce-se para envolver os ouvintes
- Cite fatos ou questões de conhecimento das pessoas

FACILITE A COMPREENSÃO
- Posicione a plateia: informe o objetivo de sua apresentação
- Comece pelo conhecido e avance rumo ao novo
- Aborde o processo e depois entre nos detalhes
- Exemplifique suas ideias sempre que possível
- Saiba de antemão como passar de um tema a outro, a fim de orientar as pessoas
- Conte casos e reforce a teoria central

Como escrever bem

Poucas pessoas acham que escrever é uma tarefa fácil. Expressar-se bem por escrito – com precisão, elegância e simplicidade – exige tempo, cuidado e revisão. Essa habilidade muitas vezes resulta de anos de treinamento e prática, mas, com um pouco de esforço, é possível aprender a se comunicar bem na hora de colocar a mensagem no papel.

Organização das ideias

No mundo dos negócios, a boa comunicação escrita é simples, clara e concisa. Um texto eficiente tem "transparência" e comunica o que precisa ser dito sem desviar a atenção do leitor para palavras excessivas.

O segredo para a boa escrita está na organização. Antes de começar, defina seu objetivo e, em seguida, identifique os principais problemas que podem surgir. Faça uma lista dos pontos mais importantes e use-a para criar uma estrutura básica. Se achar mais fácil, comece fazendo um resumo do que pretende comunicar, depois aborde os aspectos essenciais e por fim acrescente dados ou informações que complementam a sua mensagem.

> **DICA**
>
> **EDITE O TEXTO**
> Revisão e edição são fundamentais para a boa escrita. Dedique tempo para reler e colocar-se no papel de quem recebe a mensagem. O teor está confuso? Poderia ser dito com menos palavras? Revise o texto com a intenção de simplificá-lo, esclarecê-lo e eliminar excessos.

> **PERGUNTE-SE... MINHA MENSAGEM ESTÁ CLARA?**
>
> - A minha escrita flui de maneira lógica? No caso de questões complexas, a explicação faz sentido?
> - Explico o significado dos termos técnicos?
> - Exponho o suficiente para responder perguntas e solucionar dúvidas sem dar detalhes em excesso?
> - Uso recursos visuais para esclarecer aspectos difíceis?
> - Alerto o leitor, se necessário, para os erros mais comuns e os riscos da interpretação errada dessa informação?

Expectativas do leitor

Antes de escrever, descubra quais são as expectativas e necessidades do leitor. Se você tiver de se afastar dessa linha, explique o motivo. Ao redigir um documento, não inclua itens ou dados desnecessários, senão perderá a objetividade. Tenha certeza de que a distinção entre os fatos e suas opiniões ficou bem clara. Se, ao terminar a leitura, as pessoas não souberem ao certo se você afirmou algo ou apenas levantou possibilidades, faltou consistência à mensagem. Releia o que escreveu para garantir que seu texto não dá margem a dúvidas ou interpretação dúbia.

Em busca de clareza

Ao redigir um memorando, carta ou relatório, lembre-se de que o leitor em geral não dispõe de muito tempo: executivos graduados, em particular, têm horários apertados e muita coisa para ler. Por isso, todo material escrito deve ser rápido e certeiro, mas precisa conter os detalhes essenciais.

Certifique-se de que seu estilo tem objetividade e concisão. Use palavras simples e evite expressões desnecessárias e complicadas. A compreensão de termos e frases simples é mais rápida e atribui eficiência à sua escrita. Seja direto e evite termos vagos, como "muito" e "ligeiramente", mostrando confiança no que você está dizendo. É essencial ter certeza de que a mensagem não contém erros gramaticais (em caso de dúvida, consulte o dicionário), pois as incorreções forçam o leitor a ler o texto mais de uma vez para decifrar o significado.

Prefira parágrafos curtos, mais convidativos para a leitura. Se o documento inclui números, use-os com moderação – um parágrafo cheio de cifras pode ser difícil de ler. Selecione os dados importantes e passe os demais números para tabelas e gráficos.

DICA

REVISE A MENSAGEM
Elimine erros de informação, ortografia, gramática e pontuação. Lembre-se sempre de que um pequeno detalhe tido como incorreto pode comprometer toda a linha de pensamento.

Texto consistente

Para escapar de uma linguagem desatualizada ou formal demais, tente aproximar a escrita do seu modo de falar e, em seguida, faça os acertos. Imagine o seu leitor diante de você e procure uma comunicação clara, objetiva e fácil. Há quem prefira produzir primeiro um rascunho para, em seguida, dedicar-se à elaboração do documento final. Avalie se seu texto é:

- **Direto** Evite muitas frases na voz passiva. Tente ser preciso, limitando o uso da palavra "não".
- **Livre de soluções fáceis e jargões** O uso constante de palavras e expressões comuns demais pode tornar a escrita superficial.
- **Composto de frases curtas** O recurso não garante clareza, mas frases curtas impedem confusões mais comuns em períodos longos. Faça o "teste do ouvido": leia o texto em voz alta e observe se a leitura ininterrupta parece cansativa.
- **Próximo do leitor** Para se aproximar das pessoas, as perguntas costumam funcionar bem. Por isso, em vez de escrever "Por favor, confirme se a reunião ainda está prevista para o dia 21 de fevereiro", prefira "A reunião ainda está agendada para 21 de fevereiro?".

> **USO DE PRONOMES PESSOAIS**
> Use "nós" e "nosso" quando se referir à empresa, e "eu" ou "meu" quando falar por si mesmo. Não tenha medo de usar a palavra "você".

🔍 PARA PENSAR... ORDEM CERTA

Um texto mal escrito pode ser comparado a um conto de mistério: é preciso somar os elementos aos poucos, para achar sentido no final – se o leitor não desistir antes. Empenhe-se em facilitar as coisas para o leitor, partindo de uma visão geral para, em seguida, entrar em detalhes. A fim de evitar ruídos, dê instruções antes das explicações e soluções antes dos problemas. Siga a abordagem usada em artigos de jornal e "abra" o texto com as informações mais importantes, partindo depois para aspectos ou questões de menor relevância.

Recursos para um texto agradável

ABREVIAÇÕES
Torne sua escrita mais suave e acessível, mas evite exagerar nas abreviações. Se tiver dúvidas sobre o significado ou forma, opte por grafar a palavra inteira.

TERMOS DIFERENTES
O destinatário da mensagem está acostumado com o jargão ou o uso de palavras em outros idiomas? Para quem não atua na mesma área, termos comuns para uns podem ser desconhecidos para outros.

TRANSIÇÕES
Use as formas "mas", "no entanto" e "porém" para dar ideia de contradição – e apenas se fizer sentido no contexto.

PRESENTE
Quando possível, verbos no presente trazem imediatismo à escrita. Mas só use essa forma quando for adequada e não em substituição a outro tempo verbal, para evitar problemas de compreensão.

Correspondência comercial

Cartas comerciais são principalmente documentos externos, embora os executivos possam usar este recurso para se comunicar também com as pessoas que atuam na organização. Uma correspondência eficiente é clara, concisa e organizada, e permite a compreensão sem esforço.

DICA

SEJA RÁPIDO
Ao receber uma carta de negócios, responda-a no prazo de três dias úteis. Se você não pode responder neste período, porque talvez precise falar com alguém ou recolher informações, envie uma mensagem informando que está trabalhando para solucionar o problema.

Cartas eficientes

O sucesso de uma correspondência depende da capacidade de convencer o leitor de que o teor da mensagem vale sua atenção. Isso fica mais fácil se o documento reunir três características: for compacto, informal e organizado. No entanto, a redação exige cuidado. A brevidade é desejável, mas não pode comprometer a compreensão. Por isso, certifique-se de que suas cartas não são bruscas demais. É muito importante saber se o leitor tem informações para entender o assunto. Aborde cada questão relevante e explique o processo, o resultado ou a decisão resultante. Se você fosse o destinatário da carta, encontraria informação suficiente? Ficaria satisfeito com a forma pela qual o autor do texto expôs o assunto?

Interesse e atenção

Quando redigir resposta a uma carta que recebeu, é importante mostrar interesse. O remetente da mensagem a enviou porque achou que a questão tinha relevância, e você deve pensar assim também. Por isso, demonstre com palavras e ações que se preocupa com o assunto abordado.

Cuidado com julgamentos precipitados. Não parta do princípio de que o remetente entrou em contato com o propósito de enganar você ou sua empresa.

> **PARA PENSAR...**
> **CARTA-PADRÃO**
>
> É grande a tentação de escrever uma carta-padrão quando temos de falar com muitos destinatários, mas em geral esse é um atalho para o desastre. Uma carta deve responder a todas as perguntas do remetente, eliminando seus medos e esclarecendo todas as dúvidas. No entanto, se esse recurso for absolutamente necessário, você pode testar o modelo de correspondência-padrão, mostrando-o a várias pessoas do grupo destinatário e pedindo sugestões para melhoria.

Tom correto

Se o autor da carta usa um tom bem-humorado, você pode fazer o mesmo. É claro que não convém incluir piadas ofensivas, mas uma referência engraçada (e que faça sentido) pode ajudar a aliviar ou melhorar uma situação difícil.

Se você tiver de dar más notícias por carta, expresse o seu desconforto. Utilize frases como: "Sentimos informar que..." ou "Lamentamos informar que...". Você pode suavizar a mensagem mostrando-se incomodado com os fatos ou com as consequências. Transmitir notícias desagradáveis sem esse cuidado pode dar a impressão de descaso, o que às vezes leva a reações indesejadas.

Se o teor da carta transmite boas notícias, mostre-se contente: a frase "Temos a satisfação de informar que..." é uma das soluções possíveis.

Jamais escreva e envie uma carta furiosa. Colocar a sua raiva em palavras pode ajudá-lo a se sentir aliviado, mas nunca é boa ideia mandar uma correspondência desse tipo. Deixe o tempo passar e seus sentimentos se acalmarem para então redigir a resposta. Se você escreveu algo sem estar totalmente certo, espere até o dia seguinte para reler sua mensagem antes de enviá-la. São muito grandes as chances de, no dia seguinte, você reconsiderar o tom e o conteúdo da correspondência.

Uso de e-mail

O e-mail é uma ferramenta universal que permite trocar mensagens, enviar dados e gerenciar o fluxo de informações necessárias para o funcionamento de uma empresa. Também funciona como porta de entrada para spams e vírus. Se for bem usado, o sistema de e-mail pode impulsionar a produtividade e o acesso a mercados distantes.

Tempo valioso

O e-mail é um recurso útil, mas o uso inadequado pode transformá-lo em um tirano. Aprenda a limitar o tempo gasto com algumas medidas simples:

- **Só mande e-mail se for necessário** Pense se você realmente precisa enviar uma nova mensagem ou responder a todas que recebe.
- **Evite a troca interminável de e-mails** O silêncio ao receber um e-mail não é a melhor resposta, mas é aceitável. Se quiser tranquilizar o destinatário, inclua no final da mensagem a informação "não é necessário responder". Evite fazer perguntas desnecessárias.
- **Avalie a necessidade de cópias** Envie cópias só para quem realmente precisa receber a mensagem. Um grupo grande de destinatários pode gerar uma enxurrada de respostas, nem todas úteis.

> **DICA**
>
> **PRAZO DE RESPOSTA**
> Se você costuma responder os e-mails assim que os recebe, as pessoas irão esperar respostas imediatas e se incomodar quando isso não acontecer. A regra de ouro no mundo dos negócios está em responder os e-mails até o final do mesmo dia. Se for realmente urgente, use o telefone.

✓ PREPARE-SE É MESMO O CASO DE ENVIAR UM E-MAIL?

	SIM	NÃO
• É importante registrar o teor da mensagem?	☐	☐
• O assunto pode ser tratado por e-mail?	☐	☐
• Estarei disponível para responder a mensagem?	☐	☐
• Um telefonema não seria mais adequado ou eficiente?	☐	☐
• O destinatário tem o hábito de checar a caixa postal?	☐	☐
• Preciso de uma resposta imediata?	☐	☐

Rotina de leitura

Não cheque o e-mail o tempo todo, mas sim em intervalos regulares, como pela manhã, após o almoço e novamente antes de ir para casa. Aprenda a usar a ferramenta com disciplina e esforce-se para lidar com cada mensagem apenas uma vez. Se não tiver importância, delete. Se você gasta mais de três horas por semana para separar e-mails úteis do lixo eletrônico, precisa reorganizar a sua forma de trabalho.

Quando uma mensagem requer resposta imediata, avalie se pode fazer isso na hora ou se precisa reunir informações antes. Depois de responder, tire o e-mail da caixa de entrada e arquive.

Destino certo

Enviar e-mails é muito fácil, mas pode gerar arrependimentos. Ao terminar de redigir qualquer e-mail, consulte o campo "Para" antes de clicar em "Enviar" e confira se a mensagem está direcionada ao destinatário correto. Ao responder, cheque sempre se não selecionou a opção "Responder a todos".

Vale conferir se seu computador (ou o servidor da empresa) exibe data e hora certos. Caso esses dados estejam errados, a mensagem pode aparecer fora de lugar.

COMO...
ENVIAR E-MAILS

- Escolha o assunto com cuidado. A frase deve ser sucinta e identificar do que se trata com facilidade.

- Ao redigir o corpo do e-mail, preste atenção a correção gramatical, pontuação e uso de maiúsculas.

- Evite abreviações e jargões comuns em mensagens eletrônicas, recursos pouco apreciados no mundo dos negócios.

- Releia sempre o que escreveu e avalie se o contexto ou a linguagem dão margem a problemas de interpretação.

- Seja breve. Se precisar de mais do que três parágrafos, use o telefone ou envie o material na forma de anexo.

- Encerre a mensagem com o seu nome e fuja da tentação de usar apelidos ou fazer piadas.

- Antes de enviar o e-mail, confira os anexos. Envie somente aquilo que o destinatário precisa ou deseja receber.

Relatórios profissionais

Em geral, os relatórios são mais longos e abrangentes do que a maioria dos documentos. São escritos para documentar ações, projetos e eventos e muitas vezes incluem informações sobre questões complexas. Alguns têm vários autores e se destinam a um público com interesses distintos.

> **DICA**
>
> **INCLUA UMA CARTA**
>
> Seja cortês com o leitor e inclua uma carta para acompanhar o relatório, explicando qual o conteúdo e o motivo do envio. Em alguns casos, a carta pode citar os dados ou as conclusões mais importantes do relatório.

Planejamento essencial

Existem quatro questões principais a serem consideradas ao redigir um relatório:
- **A quem se destina?** Pense no interesse dos destinatários pelo conteúdo e na familiaridade com o assunto, as ideias e o vocabulário que você pretende usar.
- **Qual o formato ideal?** Avalie a forma de uso que os leitores darão ao documento. Você acredita que o relatório será lido página por página ou as pessoas irão procurar direto o aspecto que mais lhes interessa?
- **O documento reúne as informações corretas?** Certifique-se de que os dados apresentados são importantes, precisos e suficientes.
- **A organização é adequada?** Considere a possibilidade de destacar os títulos e divisões de forma a facilitar a identificação das partes.

Redação do documento

Os relatórios são divididos em três seções: abertura (página de título, resumo, sumário e lista de imagens e tabelas), corpo principal e material complementar (bibliografia, apêndices, glossário e índice). Comece o corpo principal com o sumário executivo, que deve informar os pontos mais importantes do relatório. Executivos ocupados podem ler apenas esta parte e por isso ela precisa ser bastante completa, apresentando tudo o que eles precisam saber.

PARTES DE UM RELATÓRIO

PARTE	CONTEÚDO
Título	Página única com o título do relatório, os nomes dos autores, a data de divulgação, o nome da empresa e, em alguns casos, os nomes das pessoas ou organizações a quem o documento é apresentado.
Resumo	Parágrafo que resume e destaca os principais pontos. A função primordial é ajudar o leitor a decidir se irá ler o documento inteiro ou apenas algumas partes.
Sumário	Lista de todas as partes do relatório por ordem sequencial, informando o número da página correspondente.
Lista de imagens e tabelas	Quando um relatório tiver mais de cinco imagens ou tabelas, deve incluir uma lista completa com os números de página.
Apresentação (opcional)	Declaração introdutória, geralmente escrita por alguma autoridade conhecida pelos potenciais leitores. Deve fornecer dados de apoio e colocar o relatório no contexto de outros trabalhos da mesma área.
Prefácio (opcional)	O prefácio descreve os objetivos, o contexto e o alcance do relatório. Às vezes, é usado para agradecer a colaboração na pesquisa ou elaboração e as fontes utilizadas.
Sumário executivo	Fornece mais informações do que o resumo e permite que os leitores examinem os pontos principais do relatório. Em geral, ocupa poucas páginas.
Texto	Corpo principal do relatório, explica o trabalho e apresenta as conclusões.
Conclusão	Além das considerações finais, esta parte inclui as ações recomendadas aos leitores.
Bibliografia	Lista alfabética de todas as fontes consultadas na elaboração do relatório, sugere recursos adicionais que podem interessar ao leitor.
Apêndices	Informações que complementam o corpo principal, como listas, tabelas, gráficos e quadros.
Glossário	Definição dos termos usados, em ordem alfabética.
Índice	Lista em ordem alfabética dos itens citados, com o número da página onde aparecem.

Capítulo 3

Como se comunicar com a equipe

A qualidade de uma equipe está relacionada à capacidade de comunicação, pois problemas de compreensão podem gerar trabalho extra e consumir tempo desnecessário. Um bom líder precisa saber orientar e avaliar o grupo e solucionar conflitos.

A importância de ouvir

Estudos comprovam que os adultos gastam mais da metade do tempo diário de comunicação ouvindo outras pessoas falarem. Um líder de equipe precisa saber ouvir efetivamente e entender o que os colegas dizem, habilidades essenciais para garantir a eficiência do grupo.

Pausa para escutar

Ouvir é uma habilidade que adquirimos naturalmente, mas que sempre pode ser melhorada. O primeiro passo para se tornar um ouvinte melhor é parar. É preciso parar de falar, de tentar escutar mais de uma conversa ao mesmo tempo e de interromper o outro. Deixe a pessoa falar. Enquanto ela fala, limite-se a responder cognitiva e emocionalmente, absorvendo o teor da informação e o tom, mas sem responder. Em seguida, faça perguntas para esclarecer o que for necessário. Só então emita sua opinião.

Como receber a mensagem

Para começar, tente ver as coisas do ponto de vista de quem fala e deixe que suas ações demonstrem isso. Confirme seu interesse por meio da linguagem corporal: olhe nos olhos do interlocutor e mantenha uma postura aberta, nunca ameaçadora. Deixe bem claro que presta atenção por meio de gestos como fechar a porta, não atender o telefone e interromper a tarefa na qual está trabalhando.

Preste atenção na forma da mensagem e observe se há sinais de sarcasmo, cinismo ou ironia. Tente entrar em sintonia com o humor e a intenção do interlocutor. Lembre-se de que a comunicação é uma responsabilidade partilhada, e você deve fazer a sua parte para entender a mensagem.

Depois de ouvir o que o outro tem a dizer e esclarecer dúvidas, avalie se as informações são recentes, confiáveis, precisas e relevantes.

DICA

O QUE VOCÊ DESEJA OUVIR?

Só porque você quer ouvir alguma coisa não significa que é o que o interlocutor está dizendo. É fácil cair na armadilha da "escuta seletiva", ouvindo só os trechos do discurso com os quais você concorda.

OUVIR COM ATENÇÃO

PISTA CERTA	CONTRAMÃO
Esforçar-se para ouvir e assim aprimorar a capacidade de escuta	Achar que só o que é escrito tem valor
Dedicar atenção total a quem está falando	Fingir que presta atenção quando na verdade faz outra coisa
Ouvir a fala do outro sem interrupção, na ordem em que o interlocutor preferir	Interromper a fala do interlocutor para fazer perguntas
Colocar-se no lugar do outro para tentar entender seu ponto de vista	Supor que já conhece o assunto e sabe como solucionar a questão

Feedback importante

Quando foi prefeito de Nova York, Ed Koch andava pelas ruas perguntando às pessoas, "Como estou me saindo?" Não era apenas uma pergunta retórica. Koch ouvia tanto simpatizantes como detratores e prestava atenção às respostas porque o seu desempenho como prefeito dependia da opinião direta e honesta dos moradores da cidade.

A arte de saber criticar

Um bom retorno não acontece por si só. É o produto do cuidado, de uma estratégia de comunicação bem preparada e da capacidade de se relacionar com os outros. No entanto, você pode aumentar a probabilidade de que o retorno passado às pessoas de fato traga contribuições pessoais e profissionais.

A opinião sobre o desempenho é vital para qualquer empresa comprometida em melhorar, pois só assim é possível identificar os aspectos que exigem aperfeiçoamento. Dar e receber retorno deve ser mais do que mera parte da rotina de um funcionário, mas constituir um aspecto valorizado pela cultura de toda a organização.

PARA PENSAR... LINGUAGEM CERTA

Nem todas as pessoas têm a mesma compreensão da linguagem, e algumas palavras, frases ou termos com determinado significado para um superior podem assumir outro peso quando usadas em uma avaliação de desempenho. Por isso, é importante que a linguagem adotada seja acessível para quem escuta e adequada às circunstâncias. As palavras utilizadas devem ser claramente entendidas. Siglas ou jargões da empresa ou do setor só são aceitáveis quando estiver claro que ambas as partes conhecem bem o significado. Na hora de comunicar uma avaliação, esteja certo de que o interlocutor domina o mesmo código e evite usar uma linguagem que pode causar confusão ou dúvidas. Prefira palavras de fácil compreensão.

Você sabe fala?

Dar um retorno construtivo e útil requer mais do que simplesmente das respostas às perguntas que as pessoas fazem. Considere o contexto, as intenções do interlocutor e seus objetivos como gestor.
• **Hora certa** Antes de começar a falar, avalie se o momento é adequado para as pessoas envolvidas. Para que a conversa surta efeito, precisa ocorrer em um contexto propício à escuta. Se julgar que esse não é o caso, escolha outra ocasião.
• **Contexto amplo** Esta é a característica mais importante: avaliar onde uma situação aconteceu, porque aconteceu e que levou a isso. Sempre reveja o contexto e as ações e evite fazer qualquer julgamento apressado.
• **Ressalte aspectos positivos e negativos** As pessoas estarão mais propensas a prestar atenção às observações se também receberem elogios. É essencial lembrar as boas realizações.

DICA
FOCO NA POSTURA

Se você está dando um retorno negativo, elimine qualquer hostilidade e esforce-se para não criar desconforto. Você pode fazer isso despersonalizando a conversa: focalize sempre os fatos e as posturas, nunca as pessoas.

Maneiras de falar

"Você errou de novo. Dá para fazer direito agora?"

"Você não consegue preencher um relatório sem errar?"

"Percebi erros nesse material. Vamos conversar?"

"Faltam dados neste relatório. Você pode completar?"

Significados da linguagem não verbal

A maior parte das mensagens passadas em uma conversa pessoal não ocorre pela troca de palavras, mas sim pela emissão de sinais não verbais. Aprender a ler, entender e utilizar essa linguagem "muda" não é fácil, mas constitui uma parte importante para a comunicação eficaz.

O corpo fala

O movimento, o posicionamento e o uso do corpo humano em várias situações têm uma série de funções:
- Enfatizar ou destacar alguma parte da mensagem verbal;
- Dar ritmo ao fluxo das palavras;
- Reforçar o tom geral ou a essência de uma mensagem;
- Repetir o que diz a mensagem verbal (como erguer três dedos para indicar o número três);
- Substituir as palavras (como erguer o polegar).

VOZ
Tom, volume, força, velocidade e intensidade são elementos que transmitem sinais sobre um assunto ou como você se sente na presença das pessoas.

Muitas vezes é difícil ler pistas não verbais, sobretudo porque o significado dos movimentos corporais pode mudar de um lugar para outro. Um colega que parece exausto ou sobrecarregado para uma pessoa pode passar a impressão de desinteresse a outra. Ao observar o significado de determinado movimento, posição ou gesto, não perca de vista os sinais que revelam os verdadeiros sentimentos do interlocutor. Algumas vezes, a linguagem corporal contradiz a mensagem verbal. Lágrimas nos olhos de uma pessoa, por exemplo, contrariam a afirmação verbal de que ela está bem.

Alguns sinais não verbais

APARÊNCIA FÍSICA
Esteja certo de que a forma de se vestir e de se apresentar são adequadas ao público e à situação.

MOVIMENTOS
Pequenos gestos próximos ao corpo transmitem uma imagem de confiança e autoridade. Mantenha a voz baixa, porém audível, e a postura descontraída.

OLHAR DIRETO
Olhar nos olhos em geral é sinal de confiança, mas, em algumas culturas asiáticas, olhar direto para um superior enquanto fala pode ser considerado desrespeitoso.

CONTATO
A adequação da proximidade física varia de cultura para cultura. Em lugares que não conhece, procure respeitar os costumes locais e se informar sobre eles.

Condução de reuniões e orientações

Passar briefings e coordenar reuniões faz parte da rotina corporativa. Funcionam para dividir a informação, apresentar estratégias, perpetuar a cultura e criar consenso em torno dos objetivos. Bem conduzidas, essas tarefas contribuem para estimular os negócios e elevar o moral.

DICA

ANTECIPE AS PERGUNTAS
Faça o que puder para reduzir as preocupações da plateia e eliminar as dúvidas e os medos antes que eles se manifestem. Para isso, planeje o conteúdo a partir das necessidades das pessoas.

Como organizar uma reunião

Antes de começar o planejamento, defina os objetivos da reunião. Convide apenas as pessoas diretamente relacionadas com as metas e lembre-se de incluir os profissionais que irão tomar as decisões. Defina data, lugar e hora convenientes a todos e em seguida informe a pauta, esclarecendo o assunto e os objetivos da reunião. Avalie os seguintes aspectos: o que precisamos decidir nesta reunião? Quais discussões serão as mais importantes? Temos necessidade de algum dado para poder começar?

Priorize os itens mais importantes para que sejam abordados no início da conversa. Pode ser útil atribuir uma quantidade de tempo determinada para cada questão da pauta.

❓ PERGUNTE-SE... A REUNIÃO É MESMO NECESSÁRIA?

- Preciso motivar as pessoas, dando um "empurrãozinho" para começar?
- Preciso apresentar informações sobre a empresa para que as pessoas possam fazer seu trabalho?
- Vamos iniciar um programa ou projeto novo?
- Quero apresentar as pessoas, para que possam se beneficiar com a troca de experiências?

Instrução valiosa

"Brifar" a equipe é fornecer orientações de trabalho. Como acontece com qualquer forma de comunicação, pense primeiro no seu público, no objetivo e nas circunstâncias. Procure se informar sobre quem vai receber a mensagem e o que precisa resultar dessa orientação. Saiba o máximo que puder sobre o interlocutor e suas expectativas. Logo no início, defina os objetivos com clareza: "O objetivo da reunião é avaliar as previsões de orçamento para os próximos três meses". Explique o motivo para promover a conversa nesse momento, se for preciso.

Reunião de briefing

Ao fazer uma reunião de briefing, escolha a forma que melhor se adapta ao seu estilo de falar e às necessidades do público. Existem três formas possíveis:
- **Texto memorizado** Você irá reproduzir na íntegra tudo o que escreveu, com total controle sobre o material. Porém, a menos que seja um ator treinado, é grande o risco de parecer artificial.
- **Leitura dos briefings** É mais comum, mas também pode soar distante demais. O problema da leitura é o risco de perder contato com as pessoas, abaixando o queixo e comprimindo o tom de voz. Se usar um roteiro, ensaie com cuidado e olhe para cima com frequência, a fim de manter contato visual com o público.
- **Orientação espontânea** Ocorre sem o uso de anotações, mas pode incluir a consulta a algum material visual para ajudar a memória. É a forma mais eficiente por causa da naturalidade, mas exige preparo, ensaio e uma organização consistente.

ESTUDO DE CASO

Vantagem competitiva

O presidente do gigante do varejo norte-americano Wal-Mart, David Glass, sabia que a empresa teria de agir com rapidez na definição das estratégias de marketing, em resposta à movimentação dos concorrentes. Nas manhãs de sábado, quando os resultados das vendas da semana chegavam à sede da empresa, Glass reunia os principais colaboradores para discutir os dados. A partir das medidas da concorrência, a equipe definia suas medidas.

Algumas horas depois, todos os gerentes regionais telefonavam para os locais, passando as novas diretrizes para a semana e comunicando eventuais mudanças. "Ao meio-dia do sábado tínhamos nossa estratégia traçada, com todas as correções. Os nossos concorrentes, na maior parte, recebem os resultados das vendas na segunda-feira, para avaliar o desempenho na semana anterior. Assim, estávamos dez dias à frente", comemora Glass.

Comunicar e convencer

A maioria das tentativas bem-sucedidas de persuasão envolve quatro etapas. Seguir estes passos não garante o sucesso com qualquer plateia, mas ajuda a definir o cenário propício para as atitudes e os comportamentos que um gestor espera estimular em sua equipe.

Como conquistar a atenção

DICA

DESTAQUE AS VANTAGENS
Esteja certo de que a pergunta "E o que eu ganho com isso?" recebeu uma resposta adequada. Não basta dizer à sua equipe o que você quer que ela faça: as pessoas precisam entender como tal postura ou ação pode gerar benefícios.

Se você quiser motivar as pessoas a fazer algo, o primeiro passo é conquistar a atenção delas. Pesquisas demonstram que escolhemos para onde dirigir nossa atenção – agimos assim para nos defender da sobrecarga sensorial e porque buscamos mensagens com um valor especial. O restante é ignorado. Mas existem duas maneiras de capturar a atenção:
- Uso de estímulos físicos, como luzes, sons, movimentos ou cores intensas.
- Uso de estímulos que se relacionam diretamente com as necessidades e os objetivos da plateia.

O que fazer para motivar

As pessoas só se dispõem a agir se acharem que a ação faz sentido. Um orador persuasivo consegue levar os outros a acreditar no que ele defende, além de estimular algum tipo de comportamento condizente com essa crença. Para isso, porém, é preciso fundamentar a teoria – não apresentando motivos que você considera consistentes, mas razões que façam sentido para quem escuta.

Identifique as necessidades e os interesses de sua equipe e coloque esses elementos na sua mensagem. Quais das necessidades da plateia você pode atender? Apele para a racionalidade e mostre porque sua mensagem é importante, ou aposte na busca da aprovação social, lembrando que a adoção de tal postura pode render bons frutos nos relacionamentos.

Estímulo para agir

Depois de capturar a atenção das pessoas a quem pretende convencer e relacionar os motivos para acreditar na sua mensagem, apresente um plano de ação. Antes, porém, dedique tempo para tranquilizar o grupo, mostrando que as chances de sucesso são grandes (se isso for verdade, claro). Sua equipe precisa saber que o que você prometeu vai se tornar realidade.

Aponte uma proposta específica de ação. Explicite para os membros da equipe exatamente o que você espera que eles façam e proponha um cronograma viável. Certifique-se de que todos os integrantes do grupo sabem como e quando os avanços serão medidos, e quais critérios irão indicar o sucesso da missão.

Discurso certeiro

Os argumentos usados para persuadir os outros podem ser unilaterais, apresentando apenas um aspecto, ou ser mais amplos e relacionar também os possíveis contra-argumentos. Escolha a sua abordagem baseando-se no que sabe sobre o seu público. Se você decidir usar uma argumentação ampla, lembre-se de:

- Alertar os membros da equipe de que outros podem tentar influenciá-los a mudar de ideia.
- Apresentar alguns dos possíveis argumentos contrários (ou uma parte deles) e explicar por que falta consistência.
- Incentivar alguma forma de compromisso. É sempre mais difícil para as pessoas se afastarem de uma posição depois de assumi-la em público.

QUANDO USAR CADA TIPO DE ARGUMENTAÇÃO

ARGUMENTO UNILATERAL	ARGUMENTOS AMPLOS
O público concorda com você e o objetivo é simplesmente intensificar o apoio.	Você suspeita ou sabe que o público discorda da sua teoria.
A plateia não será exposta a qualquer forma de persuasão contrária.	É fato que aquelas pessoas serão expostas a argumentos contrários à sua tese.
O público pode se confundir facilmente se receber argumentos contrários à teoria que você está defendendo.	O objetivo é gerar resultados mais duradouros com aquele público em específico.

Gestão de conflitos

Os conflitos* podem surgir de várias fontes, mas especialistas relacionam a questão a fatores como personalidade, relacionamentos pessoais e profissionais, diferenças culturais, ambiente de trabalho, demandas do mercado e concorrência. Como as empresas cada vez mais recorrem ao trabalho em equipe, as diferenças internas podem ocasionar atritos.

*Conflito – estado de oposição ou de hostilidades entre duas ou mais pessoas, em consequência de confrontos entre princípios ou desejos, além de outros fatores.

De onde surgem os atritos?

Nem todos os conflitos que ocorrem em uma empresa são negativos, mas, sem a devida gestão, o atrito entre colegas pode tornar-se contraproducente, divisionista ou até destrutivo. Entre as diversas fontes possíveis de problema, as mais comuns são:

- **Escassez de recursos** Questões que variam do espaço para trabalhar até orçamentos podem criar competição entre as pessoas. Se os recursos forem escassos, divida-os de forma justa.
- **Valores, objetivos e prioridades** Pode haver confronto quando as pessoas de uma empresa não concordam com a direção estratégica e as prioridades básicas. Uma saída possível é conseguir consenso (ainda que pequeno) em relação aos objetivos.
- **Indefinição das responsabilidades** Quando há diferença entre a posição formal e a realidade do cotidiano, os conflitos não demoram a surgir. Defina com clareza quem é responsável por cada atribuição.
- **Mudança** Diversas modificações – como cortes nos orçamentos, alteração das prioridades, da hierarquia e dos limites da responsabilidade, além de casos de reestruturações ou fusões – costumam gerar ansiedade, incertezas e conflitos em uma empresa.
- **Desejo de sucesso** Podem surgir conflitos como resultado da busca natural de êxito, comum a todos os humanos. Muitas empresas estimulam a competição entre os colaboradores, gerando ainda mais estresse.

Como gerir conflitos entre a equipe

1 ESCUTE COM ATENÇÃO
Saiba o que está na mente das pessoas, perguntando o que pensam e como se sentem.

2 SEPARE AS PESSOAS DOS PROBLEMAS
Em vez de dizer "eu não posso apoiá-lo", prefira "eu não sou favorável a essa solução".

3 ENTENDA OS INTERESSES
Não se limite às demandas de uma pessoa, mas avalie os interesses por trás delas.

4 IDENTIFIQUE EMOÇÕES
Não despreze os sentimentos e tente ser solidário. Mantenha suas emoções sob controle, a fim de garantir uma postura profissional.

5 BUSQUE OS MOTIVOS
Investigue as origens. Não aceite a primeira resposta que receber, pois as pessoas podem ter motivações ocultas.

6 FIQUE ABERTO
Mantenha sempre um canal de comunicação e fale da forma mais sincera e honesta possível.

7 COMECE DEVAGAR
Deixe que as pessoas cheguem a acordos modestos. Quando começarem a concordar, as grandes questões virão logo.

8 PROCURE OPÇÕES
Ache alternativas que agradem a todos. Ao trabalhar em conjunto, tente transformar a dinâmica da disputa em cooperação.

9 APRESENTE OS AVANÇOS
Reveja os detalhes com todos os envolvidos e certifique-se de que estão de acordo.

10 DEFINA UM LIMITE
Se um conflito chega longe demais, pode ser necessário reorganizar o quadro de colaborardores.

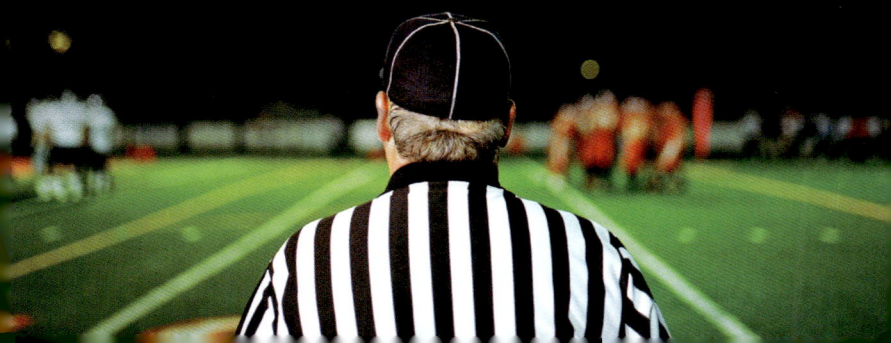

Capítulo 4

Comunicação externa

Na atual economia globalizada, é possível se comunicar com outras empresas, países e culturas por vários meios, entre eles a internet. Concentre-se nos principais objetivos e na identidade da sua organização para garantir a consistência das mensagens.

Técnicas de negociação

A negociação é um processo pelo qual as pessoas tentam persuadir outras a cooperar na busca de objetivos ou bens que valorizam. Muitas vezes o processo envolve determinadas concessões, sacrificando alguma coisa para conseguir outra, além de elementos como a colaboração e o compromisso.

Quais são os interesses?

A principal distinção a ser feita na negociação é identificar a diferença entre interesses e posições. A posição é a declaração do que se considera aceitável, enquanto os interesses são as razões que levam a essa posição. Dedique uma parte do tempo a avaliar a negociação do ponto de vista da outra parte, pois assim será mais fácil antecipar o que realmente é importante para o outro. Essa definição pode ser decisiva, pois às vezes existe mais de uma maneira de satisfazer os interesses. Você consegue chegar a uma alternativa, ou seja, uma nova possibilidade que atenda aos interesses da outra parte?

O que tem importância

Antes de negociar, você precisa decidir sobre os três pontos principais que envolvem a sua posição:
- **Qual é o seu objetivo?** O que você espera alcançar? Não seja modesto, mas mantenha-se na realidade.
- **Qual o mínimo aceitável?** Defina uma condição ou valor-limite para a negociação. Se a oferta for inferior ao mínimo tido como aceitável, é hora de sair da proposta.
- **Qual a melhor alternativa?** É o seu "plano B", caso não consiga chegar a um acordo com a outra parte.

DICA

PENSE EM UMA COMPENSAÇÃO
Às vezes, as partes podem concordar com algum aspecto relacionado com as questões em negociação. Pense em algo que pode ter valor para a outra parte, mas seja "barato" para você.

Oferta inicial

Se você fez sua "lição de casa" e tem uma boa ideia dos limites onde a negociação pode chegar, deve fazer a oferta inicial. Tenha em mente que esse valor ou condição irá nortear o processo. Essa primeira proposta deve refletir seu objetivo, mas não seja ridículo – uma proposta descabida pode insultar a outra parte e afetar a confiança. Se o outro lado dá o primeiro passo e propõe algo inaceitável, não discuta o assunto. Recuse a oferta, esclareça que está fora das possibilidades e recomece.

A oferta inicial deve deixar espaço para concessões, mas tenha em mente que qualquer redução dará novas informações à outra parte. Quando o outro lado faz concessões, convém retribuir ou você pode ser visto com desconfiança e tornar o processo mais competitivo. Evite fazer grandes concessões logo de imediato, senão o outro lado pode achar que a margem de negociação é mais ampla do que o razoável.

**PERGUNTE-SE...
ESTOU PREPARADO PARA NEGOCIAR?**

- O que eu realmente quero?
- O que a outra parte realmente quer?
- É o caso de medir forças ou procurar um acordo?
- Devo jogar aberto e revelar tudo o que sei?
- Até que ponto posso confiar na outra parte?

Vendas

Vender é uma mistura de persuasão e construção de relacionamento. Muitas pessoas não gostam da impressão de que alguém lhes vendeu algo, e preferem acreditar que elas é que estão comprando. O processo envolve adequação das questões, boa escuta e preparo.

Prospecção e apresentação

Vender envolve a prospecção de quem tem dinheiro e quer comprar. Antes de iniciar um contato, certifique-se de que esses critérios estão atendidos. Saiba o que você quer alcançar e como. Prepare-se para apresentar a sua proposta com confiança. Você pode memorizar o que vai dizer, estruturar as questões importantes e interagir com a outra parte ou agir de forma espontânea. Se você está oferecendo uma solução para um problema específico, fundamente sua proposta na análise detalhada da situação do comprador. Antes de entrar em contato com a pessoa, você deve:

- Determinar seus objetivos. Eles são específicos, mensuráveis, atingíveis e realistas?
- Desenvolver um perfil de cliente. O que você sabe sobre a pessoa que tomará a decisão de compra?
- Familiarizar-se com os benefícios oferecidos.
- Desenvolver uma apresentação de vendas.

DICA

A IMPRESSÃO QUE MARCA
Seja positivo: sorria, mostre entusiasmo e comece a conversa com um elogio ou comentário relativo ao seu produto.

ABORDAGEM DE BAIXO RISCO
Aconselhe o potencial comprador a tomar decisões de baixo risco e, só depois, sugira o fechamento do pedido.

Como fechar uma venda

Para começar, peça a opinião do potencial comprador sobre os benefícios do artigo que você está oferecendo. Faça perguntas como: "O que você acha desse som?". Se a resposta trouxer objeções, aborde-as assim que surgirem. Não reforce afirmações negativas, mas concentre-se nos aspectos positivos. Escolha a maneira de fechar a venda mais adequada para o seu caso.

Modos de fechar uma venda

DÊ UMA ALTERNATIVA
Exponha duas opções e pergunte: "Qual dessas você prefere?".

ABORDAGEM ATIVA
Quando a pessoa estiver perto de tomar a decisão, diga: "Eu vou passar seu pedido esta tarde."

ABORDAGEM DOS BENEFÍCIOS
Apresente as características e vantagens antes de finalizar a venda.

ABORDAGEM DA OCASIÃO
Se for verdade, diga que o artigo em questão é muito procurado e pode acabar.

ABORDAGEM DA ANUÊNCIA
Coloque uma série de perguntas às quais a pessoa irá responder "sim". Em seguida, tente fechar a venda.

Diferenças entre culturas e países

As nações industrializadas estão passando por mudanças inéditas. Em grande parte da Europa, por exemplo, os cidadãos podem trafegar de um país a outro sem necessidade de passar por alfândegas e usam a mesma moeda. Nos últimos anos, várias barreiras ao comércio foram eliminadas, mas, apesar de tudo, cada nação preservou algo essencial à identidade dos seres humanos: a cultura.

O que é a cultura

Cultura é tudo o que as pessoas têm, pensam e fazem em uma sociedade. Trata-se de um componente que afeta uma parte central da economia e da vida corporativa, e reúne objetos, ideias, valores e atitudes, além de alguns padrões esperados de comportamento. Seja qual for a área de atuação, é provável que você encontre pessoas de outras etnias, nacionalidades e origens culturais. Nem sempre é fácil lidar com a diversidade, fazer negócios além das fronteiras internacionais e conseguir se comunicar com eficiência – atributos essenciais no universo corporativo atual.

PARA PENSAR... ETNOCENTRISMO

Todas as culturas têm algum grau de etnocentrismo, que é a tendência a avaliar o comportamento dos outros a partir da própria ótica e achar que uma cultura é superior a outras. Todas as pessoas tendem a considerar sua cultura como uma referência, pois nascemos cercados dessa informação e nos pautamos por ela para as decisões diárias. Não é difícil acreditar que a maneira como vivemos é "a certa", ou que o nosso comportamento deve ser modelo. A cultura, porém, inclui julgamentos de valor e é preciso estar bastante atento para não cair na armadilha de acreditar que "se nós estamos certos, os outros estão errados".

O que observar

DICA

ATENTE PARA AS DIVISÕES
Praticamente todas as grandes culturas incluem divisões ou subculturas. São pequenos grupos de pessoas com interesses distintos e especializados, que podem configurar um nicho de mercado.

Quando você se comunica com uma cultura diferente, é essencial ter sensibilidade em relação às crenças e aos valores específicos, nem sempre iguais aos seus. Tenha em mente que:

- **A cultura é inata** Poucas pessoas param para pensar como funciona a cultura da qual fazem parte. Como estamos tão envolvidos com o contexto, tudo parece natural. No entanto, adaptar-se a uma cultura diferente exige grande esforço.
- **A cultura é universal** Todas as sociedades se esforçam para transmitir os valores e as regras aos mais jovens, criando e definindo uma cultura. Não importa o local onde esteja, irá encontrar pessoas com culturas diferentes da sua. Identificar essa diversidade auxilia a capacidade de comunicação.
- **A cultura inclui valores** Algumas culturas podem aceitar comportamentos que em outras pareceriam condenáveis. Tome muito cuidado para não ofender as pessoas sem querer e para não abordar assuntos considerados tabus.

Mudanças constantes

A cultura de qualquer país muda o tempo todo. As roupas que as pessoas usam, a maneira como se deslocam, os livros que leem e os assuntos que discutem denunciam essas transformações, que ocorrem tanto por fatores internos, como descobertas e inovações, quanto externos, como a incorporação de ideias de outras fontes. Em alguns contextos as mudanças ocorrem rapidamente, enquanto em outros o processo exige mais tempo, às vezes por opção ou por isolamento geográfico. As mudanças na cultura podem se refletir em novas formas de falar e de escrever, o que precisa ser levado em conta na hora de se comunicar.

Além das fronteiras

No aspecto pessoal, comunicar-se em outros territórios significa ganhar mais consciência de como nossa forma de pensar e agir segue diretrizes culturais. Um bom começo é reconhecer que sua educação, formação ou crença podem ser consideradas valiosas em sua cultura, mas talvez não signifiquem tanto para alguém de um país diferente. Assuma uma posição livre de críticas diante dos outros e provavelmente encontrará a mesma tolerância em relação a você. Se perceber que está fazendo julgamentos, guarde sua opinião.

Na hora de falar ou escrever a destinatários de outra cultura, tente se colocar na perspectiva deles. Não se esqueça do ingrediente principal: respeito por modos de vida, costumes e valores diferentes dos seus.

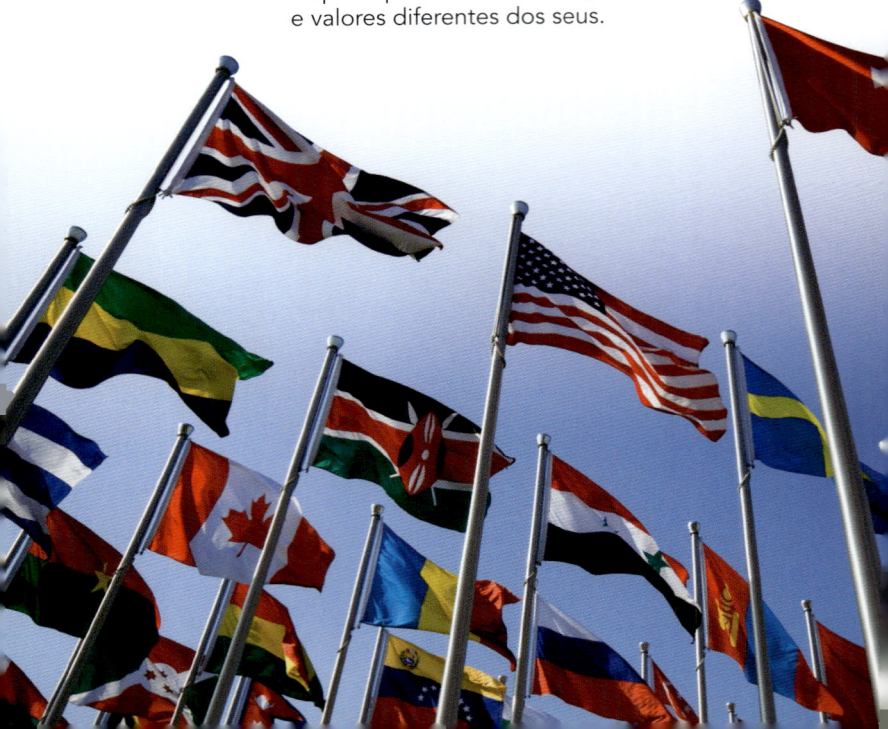

Postura certa

Não se trata de adotar a cultura local e começar a fazer as coisas do jeito que as pessoas fazem: basta estar atento e respeitar as diferenças. Sua forma de se comunicar pode funcionar com perfeição na sua cultura, mas não tão bem em outra. Tente adotar uma abordagem aberta, preocupando-se em:

- **Desenvolver tolerância à ambiguidade** Aceite o fato de que nunca irá entender tudo sobre uma outra cultura, mas ainda assim poderá atuar nesse contexto de forma satisfatória.
- **Ganhar flexibilidade** As coisas não vão ocorrer sempre do jeito que você deseja – saber ser flexível terá grande valia.
- **Manter a humildade** Reconheça que você não conhece ou entende tudo. Como vem de outro contexto (e talvez sequer domine o idioma), nunca irá absorver completamente todos os aspectos. Gestos de humildade e abertura ajudam a fazer amigos e a tornar a vida mais fácil. A comunicação envolve a transmissão de significados, por isso se esforce para que sua mensagem seja bem recebida.

DICA

APRENDA A ENTENDER RESPOSTAS NEGATIVAS

Em certas culturas, dizer "não" é considerado uma atitude grosseira. Ao receber respostas vagas como "Vou tentar" ou "Pode ser difícil", prefira acreditar que o seu pedido foi recusado.

PERGUNTE-SE... ENTENDO OUTRAS CULTURAS?

- Estou a par da etiqueta básica para apresentações e reuniões de negócios?
- Sei identificar quais membros de um grupo são responsáveis pela tomada de decisão?
- Conheço as recomendações quanto ao vestuário?
- Sei quais são os idiomas falados no local e qual é a língua oficial?
- Busquei informações sobre as maneiras de negociar?
- Conheço as formas de comunicação preferidas pelos diversos grupos?

Textos para a internet

A maneira de ler um site é muito diferente da forma de ler qualquer outra informação escrita e é preciso levar isso em conta na hora de preparar o conteúdo para a internet. Não basta transferir materiais escritos para a tela: a web exige material específico, elaborado com cuidado e em sintonia com as necessidades dos usuários.

Como atrair o leitor

Por que os textos para a web são diferentes? Primeiro, porque raramente as pessoas leem palavra por palavra, pois tendem a passar os olhos nas páginas, selecionando termos e frases específicas. Em vez de começar no início de uma página e ler até o fim, os usuários da internet vasculham sites em busca de itens relevantes e, se encontrarem algo útil, imprimem para consulta posterior. Oriente seu leitor, destacando os pontos mais importantes da informação por meio do uso de cabeçalhos, listas e de uma tipografia que favoreça a leitura.

Também não existe uma sequência fixa. Quem explora a web visita diversos sites à procura de conteúdo do seu interesse, navegando para frente e para trás, guiado por imagens, ideias e palavras. O fornecimento de informações em segmentos precisos ajuda a localizar o que o leitor quer com mais rapidez. Uma estrutura bem construída oferece um resumo do conteúdo, além de links com sites relacionados. Na hora de distribuir os dados, prefira listas a parágrafos, a fim de facilitar a identificação dos assuntos.

> **EVITE A FRAGMENTAÇÃO**
> Cuidado para não dividir as informações em muitos pedaços. Os leitores podem se sentir frustrados diante de muitas escolhas. Organize cada segmento de forma coerente e que facilite a localização.

Conteúdo para a web

AVALIE O TAMANHO
Limite a extensão de cada parágrafo e de cada página a cerca da metade do que ocuparia em um material impresso. Não crie divisões aleatórias em arquivos para impressão.

USE RESUMOS
A inclusão de resumos breves, porém eficientes, em documentos mais longos ajuda os leitores a decidir se precisam ler mais ou se podem passar para outros conteúdos.

FACILITE O ACESSO
Seu principal objetivo deve ser proporcionar o acesso à informação que as pessoas querem encontrar. Forneça um caminho fácil para chegar aos locais que reúnem dados importantes.

DISPONIBILIZE A IMPRESSÃO
Facilite os mecanismos para quem quer imprimir ou salvar o conteúdo. Se alguns aspectos forem detalhados ou longos, providencie um arquivo em PDF para download e impressão.

Teleconferências

Avanços em termos de custo e qualidade nos equipamentos de teleconferência ampliaram a possibilidade de conectar as pessoas por meio da tecnologia de áudio e vídeo. Porém, é fundamental planejar cuidadosamente o evento a fim de evitar contratempos técnicos e tornar a experiência agradável e bem-sucedida para todos os envolvidos.

Como se preparar

Uma teleconferência produtiva e capaz de atender aos objetivos propostos depende muito do tempo gasto no planejamento. Se puder, informe-se com antecedência sobre o local de realização e cheque cada item. Caso você seja o responsável, é sua atribuição certificar-se de que o ambiente conta com todos os elementos necessários. Tente saber quem presta apoio técnico e solucione suas dúvidas.

COMUNICAÇÃO À DISTÂNCIA

PISTA CERTA	CONTRAMÃO
Pedir às pessoas que informem nomes, cargos e posições	Apresentar alguns participantes e ignorar outros
Ater-se à pauta da reunião e respeitar o tempo previsto	Introduzir discussões não previstas na agenda
Assumir o controle e proporcionar a todos a oportunidade de falar	Permitir que as pessoas falem em conversas paralelas
Registrar o que está sendo dito e por quem	Não atentar ao que é dito ou acordado

Apresentação correta

Para participar de uma teleconferência, vista-se de forma discreta. Evite listras finas e estampas que chamem a atenção. Pense sempre que as pessoas estão lhe assistindo e controle o uso de trejeitos, que podem passar despercebidos em reuniões mas são ampliados em uma teleconferência. Sente-se com a postura adequada, preste atenção e passe uma imagem profissional. Tente olhar para a lente da câmera quando falar. Você pode reforçar bastante a sua credibilidade se conseguir se concentrar na câmera, dando às pessoas a impressão de falar diretamente com elas.

Como falar

Quando estiver no local do evento, evite conversas ou comentários sem sentido – pense sempre que alguém pode estar observando e ouvindo você. Fale um pouco mais lentamente que o habitual, para assegurar a compreensão. Nunca leia um discurso ou outro texto já preparado; recorra a lembretes com os pontos principais. Consulte a pauta e lembre as pessoas sobre o tempo decorrido.

No fim da teleconferência, resuma o que foi acordado. Após o evento, envie atas a todos os participantes.

COMO... PLANEJAR UMA TELECONFERÊNCIA

Defina os objetivos da teleconferência: explique para as pessoas o que será discutido e por quê.

↓

Visite as instalações e confira se reúnem tudo de que você precisa. Cheque se os equipamentos são de fácil utilização.

↓

Identifique um integrante responsável por iniciar, conduzir e finalizar a teleconferência.

↓

Programe a pauta em vez de deixar a conversa fluir sem rumo. Comece pelos itens mais fáceis de serem cumpridos.

↓

Distribua a pauta para que as pessoas saibam o teor da discussão e tenham tempo de reunir dados.

↓

Marque a teleconferência em uma data e hora convenientes.

↓

Confirme a teleconferência com todos os participantes e envie um lembrete informando local, dia e hora.

↓

Distribua com antecedência recursos importantes, como materiais que os participantes devem conhecer.

Situações de crise

Há uma enorme diferença entre problemas e crises: os problemas são comuns no mundo dos negócios, enquanto as crises, em geral imprevisíveis, assumem proporções maiores. Sem uma estratégia de comunicação adequada, elas podem prejudicar a imagem da empresa e afetar funcionários, acionistas, fornecedores e clientes.

Como identificar uma crise

Algumas crises podem ser antecipadas (pelo menos até certo ponto), enquanto outras exigem reação imediata e criativa. Existem dois tipos principais:
- **Crises internas** Surgem dentro da empresa, como escândalos administrativos ou greves.
- **Crises externas** São causadas por fatores externos, como desastres naturais, problemas tecnológicos ou ameaças de grupos de interesse, entre outros.

É importante reconhecer o tipo de crise que você tem de enfrentar, pois assim poderá saber quem são as pessoas às quais precisa se dirigir. Além disso, essa avaliação permite saber qual a possível duração da crise e as prováveis consequências.

ESTUDO DE CASO

Gestão de crise

Em 1996, uma aeronave Fokker 100 da TAM caiu nas cercanias do Aeroporto de Congonhas, em São Paulo, causando 99 mortes. O fundador da empresa, Rolim Adolfo Amaro, liderou as ações mitigadoras da crise, tratando de buscar e divulgar as causas do acidente. Como resultado, neutralizou os efeitos da tragédia sobre a imagem da companhia. Em 2007, outro desastre, também em Congonhas, desta vez envolvendo um Airbus, vitimou 199 pessoas. Sem a figura carismática de Amaro, que havia falecido em 2001, a TAM buscou seguir os protocolos usuais dos manuais de gestão de crise. A complexidade do acidente (causado por uma conjunção de diversos fatores), porém, provocou ruídos na comunicação, os quais, amplificados pela mídia, influenciaram a opinião pública. A empresa superou a crise e hoje continua sendo uma das maiores no Brasil.

Em meio a uma tempestade

Comunicar-se em uma crise é diferente de administrar um problema cotidiano. É muito comum não estar preparado nem dispor de informação suficiente, sem contar com a intensa pressão de tempo e o fluxo crescente de acontecimentos. Uma crise de comunicação em geral tem poucos antecedentes para servir de parâmetro e causa imensa repercussão fora da empresa. Por isso, manter a calma é essencial para saber como agir de forma sistemática.

MOMENTOS DE CRISE

O QUE FAZER	COMO AGIR
Obter informação	• Saiba o que está acontecendo e separe os fatos dos rumores. Documente os eventos e torne-se uma fonte confiável de informação, sem interromper o fluxo. • Identifique as consequências a curto e longo prazos. Avalie se é mesmo problema seu.
Apontar pessoas	• Indique um líder para comandar a situação. Atribua-lhe autoridade e responsabilidade e deixe a indicação clara para as pessoas. • Monte uma equipe eficaz e ágil. Reúna profissionais com o conhecimento necessário e ofereça recursos. Isole esses colaboradores das demais preocupações do dia a dia.
Elaborar uma estratégia	• Crie um plano de ação, que deve incluir soluções possíveis e medidas que envolvam as partes afetadas. Informe as medidas a curto e longo prazos. • Estabeleça metas. Defina seus objetivos a curto, médio e longo prazos. Avalie os avanços e não desanime diante de críticas, má repercussão na imprensa ou de fracassos imediatos.
Começar a comunicação	• Centralize a comunicação. Dados que chegam fornecem informações, enquanto dados que saem dão a medida do controle sobre o que está sendo dito a respeito da situação. • Confie em um número limitado de porta-vozes que conheçam o problema e sejam ágeis, pacientes e bem-humorados. • Considere todos os mercados – locais, regionais, nacionais e internacionais. Não negligencie parceiros de outras localidades, que podem oferecer assistência ou credibilidade.

Contato com a mídia

Dar uma entrevista nunca é fácil – e algumas vezes a experiência pode ser até estressante e arriscada. Há sempre o risco de se dizer algo inadequado ou esquecer o que realmente tem importância. Além disso, sua declaração pode ser tirada de contexto, o que altera o sentido. Porém, é possível seguir regras básicas, limitar os riscos e usar a entrevista a seu favor.

Risco ou oportunidade?

DICA

ATUALIZE SUAS INFORMAÇÕES
Verifique se você está atualizado sobre os acontecimentos relacionados ao tema da entrevista. Se for pego de surpresa, não comente eventos ou citações sobre os quais não tem certeza.

Aprenda a ver as entrevistas como oportunidades de atingir um grande público. Essas ocasiões abrem uma chance para contar sua história e informar as pessoas sobre a sua empresa ou nicho de atuação. Se sua companhia foi vítima de uma cobertura negativa, uma entrevista dá a oportunidade de fazer esclarecimentos. Pode ser um espaço de visibilidade para se desculpar, caso sua empresa tenha feito algo errado, ou para reforçar a credibilidade da sua organização. Não se sinta intimidado com a possibilidade de dar uma entrevista: se sentir que não está pronto, recuse o convite ou sugira o nome de um colega mais acostumado a lidar com a mídia.

✓ PREPARE-SE COMO FALAR COM PROFISSIONAIS DA IMPRENSA

	SIM	NÃO
• Você está certo quanto aos objetivos da entrevista?	☐	☐
• Sabe quais são as informações que você pode compartilhar e quais são confidenciais?	☐	☐
• Já pensou em uma maneira de evitar atritos caso o repórter seja insistente ou pouco adequado?	☐	☐
• Está preparado para responder a acusações falsas, sem repetir as frases usadas pelo repórter?	☐	☐
• Consegue manter o profissionalismo e ser gentil, não importa o que aconteça na entrevista?	☐	☐

Como se preparar

A melhor maneira de garantir uma boa entrevista é a preparação minuciosa. Reúna as informações e:
• Saiba quem é o repórter. Prefira falar com jornalistas profissionais ou que já conhece.
• Peça orientações à assessoria de imprensa ou ao setor de relações públicas, se houver.
• Identifique o teor e o motivo da matéria e pergunte quem mais será ouvido.
• Confirme dia, local e hora.
• Prepare sua mensagem: ensaie em voz alta e reforce as palavras que realmente pretende usar.

DICA

VÁ DIRETO AO PONTO
Não espere que o repórter faça a pergunta para você falar sobre o que mais importa. Aborde a questão, apresente sua versão e a repita com frequência. Use o tempo de exposição ou o espaço no papel em seu benefício.

Diante dos microfones

Chegue antes ao local da entrevista e apresente-se. Prefira um visual sóbrio e elegante e aceite a oferta para fazer maquiagem, se achar necessário. Lembre-se de que uma imagem adequada ajuda a fortalecer sua confiança e o senso de profissionalismo.

Durante uma entrevista, é perfeitamente aceitável consultar fatos ou números escritos em um cartão levado no bolso. Seja você mesmo e use palavras que todos entendem; explique conceitos técnicos ou complexos de forma simples, como se falasse com um amigo. Concentre-se na mensagem que quer passar e fale sempre pensando no interesse de quem ouve sua declaração.

Construção de marca

Comunicar a essência de uma marca é mais do que usar palavras e recursos visuais para transmitir uma imagem, e isso ocorre porque uma marca é ao mesmo tempo um processo e um produto. Trata-se de um organismo vivo que precisa ser cuidado para sobreviver e prosperar.

COMO... MONTAR MARCAS

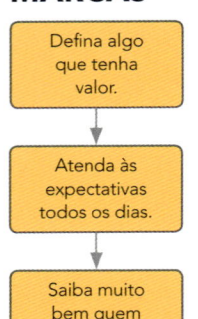

- Defina algo que tenha valor.
- Atenda às expectativas todos os dias.
- Saiba muito bem quem é você.
- Ofereça o mesmo a todos os consumidores.

Corações e mentes

Uma marca é, acima de tudo, a promessa de uma experiência. É o que um produto, serviço ou empresa representa para as pessoas. Na sua essência, uma marca pode ser definida como uma percepção ou sensação, aquilo que sentimos quando pensamos em um produto ou na empresa que o produz. E, claro, uma marca constitui a base para a diferenciação no mercado – um modo de se destacar dos concorrentes no coração e na mente dos consumidores.

Posicionamento da marca

As características mais importantes de uma marca são o conteúdo e a coerência. Para ser bem-sucedida, uma marca deve firmar um compromisso claro e seguro com os clientes, colaboradores, investidores e fornecedores, entre outros – e cumprir essa promessa.

A Starbucks, por exemplo, tenta atender às expectativas do cliente. Quando os frequentadores das lojas começaram a se queixar do cheiro dos sanduíches quentes, o presidente Howard Schultz decidiu priorizar a experiência dos aromas, como o café moído na hora, e propiciar um momento associado ao relaxamento. Já o gigante do varejo Wal-Mart anuncia "preços baixos todo dia". Não promete qualidade de atendimento, produtos de marca nem uma experiência diferenciada de compra.

Comunicação da imagem

Para criar e manter uma marca de sucesso, é preciso observar cinco aspectos:
- **Visão** Lembre-se de que uma visão estratégica consistente ajuda a atingir os objetivos. Priorize o cumprimento da sua promessa (o que tem mais importância e por quê?). Alinhe todos os envolvidos com a empresa a partir desta visão.
- **Cultura** Oriente a empresa inteira a zelar pela marca. Dê autoridade, responsabilidade, recursos e treinamento para atender às expectativas dos clientes.
- **Inovação** Você não pode ficar parado, mas deve inovar sempre para se manter à frente das demandas do mercado e das mudanças constantes – desde a configuração demográfica aos gostos e preferências do público-alvo. Demonstre que consegue inovar e preservar sua marca ao mesmo tempo.
- **Ação** Defina as medidas essenciais para o sucesso da marca e oriente os profissionais que atuarão no cumprimento da promessa.
- **Valor** Meça sempre os resultados. Mostre aos investidores, colaboradores e parceiros todas as melhorias feitas e apresente os aspectos que podem ser aperfeiçoados.

> **DICA**
>
> **PENSE NOS CONSUMIDORES**
>
> Se achar que sua marca precisa de atualização, consulte seus consumidores. O que eles procuram na sua marca? O que mais valorizam? E quais mudanças irão aceitar?

PARA PENSAR... VALOR DA MARCA

Marcas com consciência do que são e que trabalham arduamente para cumprir as promessas em geral são bastante resistentes e conseguem sobreviver a períodos de recessão econômica, mudanças nas preferências dos consumidores e inovações no setor. O valor de um nome consistente foi bem definido por John Stuart, ex-presidente da fabricante de cereais Quaker: "Se eu tivesse de dividir a empresa, entregaria de bom grado a estrutura, as fábricas e todos os equipamentos e ficaria com a marca". Carlton Curtis, vice-presidente de comunicação da Coca-Cola, afirmou: "Se todas as instalações da Coca-Cola fossem destruídas em uma noite, ainda assim o dono da marca poderia muito bem ir a uma agência bancária no dia seguinte e conseguir um empréstimo para reconstruir tudo".

Índice

A
ambiente, adaptação ao 11
ambiguidade, comunicação 59
anotações
  apresentações 23, 26
  briefings 47
  entrevistas 67
aparência
  comunicação não verbal 45
  em entrevistas 67
  em teleconferências 63
Apple Computers 28
apresentações 19, 20-9
  anotações 23, 26
  confiança 26-7
  ensaio 26
  escrita 23
  estrutura 23
  planejamento 20-3
  recursos visuais 22, 24-6
  teleconferências 63
  vendas 54-5

B
barreiras à comunicação 8-9
briefings 46-7

C
cartas
  comerciais 34-5
  padrão 35
  relatório 38
clichês 32
cliente e imagem da marca 69
Coca-Cola 69
códigos, planejamento da comunicação 12
compensação nas negociações 53
comunicação externa 52-69
  construção de marca 68-9
  diferenças culturais 56-9
  entrevistas 66-7
  gestão de crises 64-5
  internacional 56-9
  negociação 52-3
  site 60-1
  teleconferência 62-3
  vendas 54-5
comunicação
  barreiras 8-9
  definição 6-7
  equipe 40-51
  escrita 30-9
  externa 52-69
  falas 20-9
  níveis 7
  princípios 7
concessões, nas negociações 53
conferências, teleconferências 62-3
confiança 26-7
conflito, gestão 50-1
conhecimento, níveis 16
consistência, apresentações 20
contato físico, linguagem não verbal 45
convencimento 48-9
cores, uso 25
correspondência comercial 34-5
crise, gestão 64-5
cultura
  corporativa 11
  diferenças culturais 8, 45, 56-9
  imagem da marca 69

D
decisão, tomada 17
direcionada, comunicação 13

E
e-mails 36-7
emoções 9, 17
empresa, comunicação na 7
ensaio de apresentações 26
entrevistas 66-7
equipe, comunicação 40-51
  briefings e reuniões 46-7
  comunicação não verbal 41, 44-5
  conflitos, gestão 50-1
  convencimento 48-9
  ouvir 40-1
escrita 19, 30-9
  apresentações 23
  atenção do leitor 32-3
  cartas comerciais 34-5
  clareza 31
  edição 30
  e-mail 36-7
  organização 30
  ortografia 32-3
  relatórios 38-9
  sites 60-1
estereótipos
  barreiras à comunicação 8-9
  plateia 14
estilo, adaptação 10
estrutura do discurso 22
etnocentrismo 56

F
falar em público veja apresentações
flexibilidade, comunicação internacional 59
frases, extensão 32

G
gênero, plateia 15
gestos 44-5

H
humildade, comunicação internacional 59
humor, em cartas 35

I
imagem, marca 69
imprensa, entrevistas 66-7
inovação, imagem da marca 69
interesses em negociações 52
internet 60-1
interpessoal, comunicação 7

J
jargão 32
Jobs, Steve 28

L

linguagem 9, 42
   corporal 41, 44-5

M

marcas, construção 68-9
Maslow, pirâmide de 15
massa, comunicação 7
meio de comunicação 12, 18-9
memorização de discursos 47
mensagem
   adequada ao público 16-7
   planejamento da
      comunicação 12
Merck 64
motivação
   comunicação da equipe 48
   plateia 13, 17
mudanças culturais 57

N

não, diferenças culturais 59
não verbal, comunicação 19, 41, 44-5
negativo, retorno 43
negociações 52-3

O

objetivos, negociação 53
oferta, negociação 53
olhar direto 41, 45
opinião 17
ortografia 32-3
ouvir 40-1

P

pauta de reunião 46
PDF, arquivos 61
pesquisa
   apresentações 21
   entrevistas 67
planejamento 12-3
   discurso 20-3
   teleconferências 62-3
posicionamento, negociações 52

preconceito 8, 9
primeira impressão, venda 54
público
   compreensão 14-5
   comunicação direcionada 13
   entrevistas 66
   interesse 29
   mensagem 16-7
   motivação 13, 17
   papel 17
   planejamento do
      discurso 20
   relatórios 38
   retorno 12

Q

quadros 24

R

recursos visuais
   apresentações 22, 24-5, 26
   briefings 47
registros 10
relatórios 38-9
relatórios, estrutura 38
resposta, prazo
   cartas 34
   e-mails 36
resultados, planejamento da
   comunicação 12
retorno 12
   equipe 42-3
reuniões 46-7
ruído 6
   planejamento da
      comunicação 12
   redução 7

S

sentidos 8
sites 60-1
socioeconômica, posição,
   plateia 15
Staples 21
Starbucks 68
subculturas 57

T

tabelas 24
teleconferências 62-3
teses, apresentação 22
tomadores de decisão 17
trabalho, comunicação no 10-1

V

valores
   diferenças culturais 57
   imagem da marca 69
vendas 54-5
visão, imagem da marca 69

W

Wal-Mart 47, 68
websites 60-1

Agradecimentos

Agradecimentos do autor
Agradeço aos profissionais da cobalt id, que me ajudaram a organizar décadas de experiência, ensino e pesquisa para produzir um livro interessante e de fácil leitura. Se Marek Walisiewicz não tivesse me telefonado para propor este projeto, ele jamais existiria. Agradeço em especial a Kati Dye e aos outros criadores, editores e designers talentosos, que transformaram minhas ideias e observações em um belo livro. Muito obrigado a Daniel Mills e à equipe da Dorling Kindersley, que de maneira profissional e dedicada deram forma a este título e a esta coleção.

Dedico esta obra a Pam, Colleen, Molly e Kathleen, além de Jay, Cianan e Ty. O apoio, inspiração e paciência dessas pessoas foram indispensáveis. Muito obrigado.

Aos meus colegas da University of Notre Dame: Sandra, Cynthia e Sondra, que me estimularam, corrigiram e ajudaram a dimensionar minhas ideias. E a Andrea: escrever e ensinar é bem mais fácil com a sua ajuda.

Muito obrigado aos meus amigos da Management Communication Association e da Arthur W. Page Society. Muito obrigado pelo apoio, orientação e pelas boas ideias. Minha vida é mais rica graças a vocês.

Agradecimentos da Dorling Kindersley
A Dorling Kindersley gostaria de agradecer a Hilary Bird (índice), Judy Barratt (revisão) e Charles Wills, que atuou na versão americana do livro.

Imagem da capa
Alamy Images: Stock Connection Blue

Créditos das fotos
A editora agradece às seguintes pessoas pela permissão do uso das imagens:

1 Alamy: Herbert Kehrer/imagebroker; 4-5 Alamy: artpartner-images.com; 8-9 Getty Images: Justin Pumfrey; 11 iStockphoto.com: Eric Isselée/Global Photographers; 13 iStockphoto.com: PeterNunes_Photography; 19 iStockphoto.com: Guillermo Perales Gonzalez; 22-3 (fundo) Alamy: Dan Atkin; 22-3 (blocos de notas) iStockphoto.com: Julien Grondin; 28-9 iStockphoto.com: Kevin Russ; 32-3 iStockphoto.com: Robert Kohlhuber; 34 iStockphoto.com; 44-5 Alamy: David Osborn; 51 Getty Images: Darrin Klimek; 55 Getty Images: David Gould; 58 iStockphoto.com: Hanquan Chen; 60-1 iStockphoto.com: Susan Trigg; 67 Getty Images: Peter Dazeley.

Foram feitos todos os esforços para identificar e dar os créditos aos titulares de direitos autorais. O editor pede desculpas por qualquer omissão e se dispõe a incluir a informação correta nas futuras edições.